介音 i					介音 u								介音 ü			
ian	in	iang	ing	iong	u	ua	uo	uai	uei (ui)	uan	uen (un)	uang	ueng	ü	üe	üan	ün
bian	bin		bing		bu												
pian	pin		ping		pu												
mian	min		ming		mu												
					fu												
dian			ding		du		duo		dui	duan	dun						
tian			ting		tu		tuo		tui	tuan	tun						
nian	nin	niang	ning		nu		nuo			nuan				nü	nüe		
lian	lin	liang	ling		lu		luo			luan	lun			lü	lüe		
					gu	gua	guo	guai	gui	guan	gun	guang					
					ku	kua	kuo	kuai	kui	kuan	kun	kuang					
					hu	hua	huo	huai	hui	huan	hun	huang					
jian	jin	jiang	jing	jiong										ju	jue	juan	jun
qian	qin	qiang	qing	qiong										qu	que	quan	qun
xian	xin	xiang	xing	xiong										xu	xue	xuan	xun
					zhu	zhua	zhuo	zhuai	zhui	zhuan	zhun	zhuang					
					chu	chua	chuo	chuai	chui	chuan	chun	chuang					
					shu	shua	shuo	shuai	shui	shuan	shun	shuang					
					ru	rua	ruo		rui	ruan	run						
					zu		zuo		zui	zuan	zun						
					cu		cuo		cui	cuan	cun						
					su		suo		sui	suan	sun						
yan	yin	yang	ying	yong	wu	wa	wo	wai	wei	wan	wen	wang	weng	yu	yue	yuan	yun

明明塾

中国語
[改訂版]

張建明　　張明和

ナカニシヤ出版

はじめに(改訂版)

　『明明塾中国語』は主として大学一年生を対象に編集された中国語の初級テキストです。このテキストでは第1、2課において発音を中心に学び、第3課から一つのテーマについての本文、本文内容に沿った会話文、そして関係する文法を勉強していきます。テキストの本文は中国の文化、事情などを念頭に入れて書き上げた読み物としても成立するものを目指したものです。会話文は、本文に基づいて書かれたもので会話の力を鍛えるために表現と技法を重視しています。

　外国語を習得するもっとも有効な方法とは、口、耳そして手を使ってよく話し、よく聞き、そしてよく書くことです。語学の初級段階において教科書の内容をできるだけそのまま多く覚えることは大変重要ですし、一つの表現を繰り返して習い、練習することも大変重要です。本テキストは文章、会話、文法を織り交ぜながら、学生が重要な表現や技法を、できるだけたくさんの練習を通じて消化していけるよう、心がけて編集しました。

　この度、『明明塾中国語』が出版されて五年目に入る際、必要に応じてそれを改訂しました。学生に難しいピンインや文法などを重点に手入れして、練習を増やしました。

　なお各課には、中国の文化、最新事情などを紹介するミニ知識またはクイズなどを用意しました。また興味深いものを「付録」に付け加えていますので、それが楽しい中国語勉強のお役にたてることを願っています。

著　者
二〇一〇年二月

目　次

はじめに i

第一课　　你我他 1
　　　　発音一：1、声調　　　2、単母音　　　3、子音
　　　　文　法：1、人称代名詞　　2、基本文型

第二课　　饿了吗？ 7
　　　　発音二：1、複母音　　　2、鼻母音　　　3、ピンインの綴り方
　　　　　　　　4、声調の付け方　　5、ｎとｎｇを区別する方法
　　　　文　法：1、勧誘　語気助詞「吧」　2、動詞と否定詞「不」　　挨拶語１

第三课　　你贵姓 13
　　　　発音三：1、声調変化　　2、声調発音練習　　3、ｒ化　　4、数詞
　　　　文　法：1、判断を表す「是」　2、指示代名詞　3、名前を言う「姓」「叫」
　　　　　　　　4、起点を表す「从」　5、疑問詞「什么」

第四课　　我的家 19
　　　　文　法：1、省略疑問の「呢」　2、存在を表す「在」と「有」　3、所有を表す「有」
　　　　　　　　4、接続詞「和」　　5、曜日の言い方　6、「都」

第五课　　大学生 25
　　　　文　法：1、形容詞の使い方　2、「いくつ」「どれぐらい」の「几、多少」
　　　　　　　　3、方位詞　　4、「的」
　　　　　　　形容詞一覧表 ......28　　　　　　　　挨拶語２

第六课　　生　日 31
　　　　文　法：1、月日の言い方　2、年齢の言い方と聞き方　3、比較を表す「比」
　　　　　　　　4、祝い・祈りを表す「祝」　5、時刻の言い方

| 第七课 | 喜欢旅游 | 37 |

文　法：1、願望の「想、要、喜欢、打算」　2、強調を表す「是～的」
　　　　3、経験を表す「过」　　　　　　　　挨拶語3

| 第八课 | 我的一天 | 43 |

文　法：1、可能の「会、能、可以」　2、「から～まで」の「从」、「到」
　　　　3、時間修飾語の使い方
　　　　時間名詞一覧表　　47　　　　　挨拶語4

| 第九课 | 中秋佳节 | 49 |

文　法：1、受身を表す「被」「叫」「让」　2、「叫」「让」が使役に使う場合
　　　　3、処置を表す「把」　　　　　　4、必要を表す「要」
　　　　結果補語動詞一覧表　　53　　　挨拶語5

| 第十课 | 同　学 | 55 |

文　法：1、時空間の隔たりの「离」　2、順序の「先～然后」
　　　　3、選択を表す「还是」　　　4、「～時」の「……的时候」
　　　　動量詞・量詞一覧表　　59

| 第十一课 | 寒假计划 | 61 |

文　法：1、動詞の重ね方　　2、もうすぐ～だ。(就) 要～了」「(快) 要～了」
　　　　3、動作場所の「在」と手段の「用」　4、完了の「了＋時間詞＋了」
　　　　中国のお金「人民币」　　65

| 第十二课 | 中国茶 | 67 |

文　法：1、伝聞の「听说」　2、太＋形＋了　3、授受関係の「给 gěi」
　　　　4、「～したばかり」の「刚」　5、「もっとも」の「最 zuì」　6、一帯

付　録　　　　　　　　　　　　　　　　　　　　　　　　　73

　　発音小テスト　　73　　　　　餃子の作り方　　74
　　中国の世界遺産一覧　　75　　表紙解釈　　76
　　中国について　　77　　　　　語句索引　　78

第一课　你我他
Dì yī kè　Nǐ wǒ tā

[CD1] ■ 課文
とにかく先生の発音を真似しましょう。

你　我　他，　一起　来，　学　汉语。
Nǐ　wǒ　tā，　yìqǐ　lái，　xué　Hànyǔ.

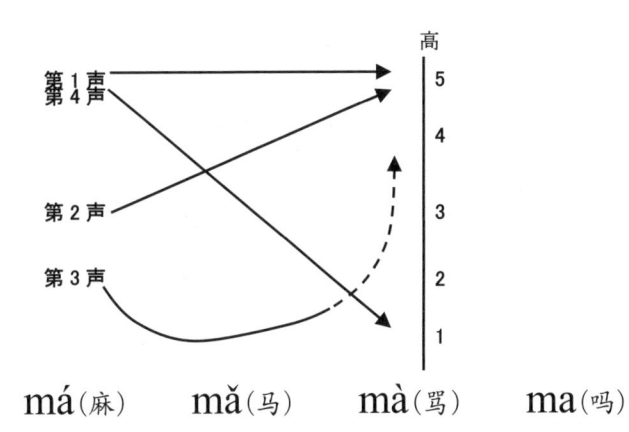

　発　音　一

[CD2]
一　声調

mā(妈)　　má(麻)　　mǎ(马)　　mà(骂)　　ma(吗)

要領	mā	第一声	高くて平らに。
	má	第二声	低めなところから一気に声を上げるように。
	mǎ	第三声	力強く沈めて行ってから上げるように。
	mà	第四声	やや高めなところから一気に下げるように。
	māma	軽　声	軽く短く。

****

ミニ知識　中国の食
　中国では南北の主食は同じものではありません。北方の主食は主に蒸パン、餃子、うどんなどです。なぜなら北方の主な農作物は小麦だからです。一方、南方では稲がよく取れるため主食はライスです。それから料理についてですが一般に、四大料理があります。それは北京料理、広東料理、四川料理そして上海料理です。味は地域によって違います。一般的な特徴をまとめていえば南はあっさりしているのに対して、北のほうは塩辛い。東はすっぱいものが多いのに対して西のほうは辛いものが多いです。

CD3　***発音練習***

1、「四声」に注意しながら発音しましょう。

　　妈妈骑马，　马慢，　妈妈骂马。
　　Māma qí mǎ,　mǎ màn,　māma mà mǎ.

2、課文を見ながらピンイン文に声調記号をつけて発音してみましょう。

　　　　(1) ni wo ta　　(2) yiqi lai　　(3) xue Hanyu

注意：「i」の上に声調記号を付ける場合、「点」をとって付けましょう。
　　　たとえば「i」に一声の記号を付けると「ī」になる。

CD4　一　単母音

| a | o | e | i(yi) | u(wu) | ü(yu) | er |

要領：a　　口をいっぱいあけたまま発音します。

o　　口を丸くして発音します。

e　　口を左右に開き、喉の奥で発音します。

i(yi)　　歯をややかむように発音します。

u(wu)　　口をすぼめて突き出して発音します。

ü(yu)　　唇を前に突き出しながら「い」を発音します。

er　　舌先をそり上げて発音します。

　　*　( )はピンインつづりです。

CD5　***発音練習***
声調に注意しながら発音しましょう。
1) ā á ǎ à　　　　2) ō ó ǒ ò
3) ē é ě è　　　　4) ī í ǐ ì
5) ū ú ǔ ù　　　　6) ǖ ǘ ǚ ǜ
7) ēr ér ěr èr

2

第一课　你我他

CD6
聞き取り練習

(1) _____　(2) _____　(3) _____　(4) _____
(5) _____　(6) _____　(7) _____　(8) _____

CD7
三　子音
発音名の意味を念頭に入れて発音しましょう。

	無気音	有気音	鼻音	摩擦音	有声音
唇音	b(o)	p(o)	m(o)	f(o)	
舌尖音	d(e)	t(o)	n(o)		l(o)
舌根音	g(e)	k(e)		h(e)	
舌面音	j(i)	q(i)		x(i)	
舌歯音	z(i)	c(i)		s(i)	
巻舌音	zh(i)	ch(i)		sh(i)	r(i)

要領：無気音は、息を抑えてひかえめにするものです。

有気音は、息をパッと激しく出すものです。

巻舌音は、舌先をそり上げて、上あご前部につけて、舌先と上あご前部の間を少し開け震わせるようにその間から息を出して発音しましょう。

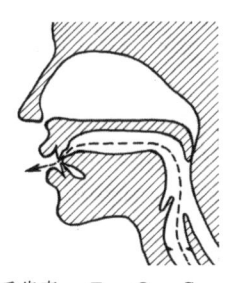

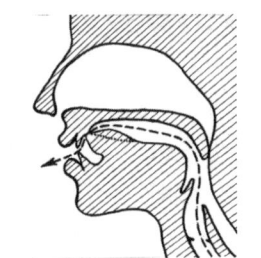

舌歯音：z　c　s　　　　そり舌音：zh　ch　sh　r

CD8
発音練習

1. **有気音**　まず強く息を出してそれから母音を発音します。

pā(趴)　pǔ(普)　pǐ(匹)　qù(去)　kù(酷)　kè(课)
kǔ(苦)　kā(咖)　tǎ(塔)　tè(特)　tú(图)　cā(擦)
cè(册)　cí(词)　chá(茶)　chē(车)　chī(吃)　tī(踢)

CD9
2. 無気音　子音と母音とを一緒に発音します。

　　　　bā(八)　　bù(不)　　bǐ(比)　　dǎ(打)　　dù(肚)　　dì(地)
　　　　de(的)　　gā(嘎)　　gè(个)　　gǔ(古)　　zá(杂)　　zé(则)
　　　　zì(字)　　zhè(这)　　zhá(扎)　　zhǐ(纸)　　jǐ(几)　　jù(句)

CD10
3. 鼻音、摩擦音そして有声音の発音をしましょう。

　　　　mā(妈)　　mō(摸)　　mù(木)　　fǎ(法)　　fó(佛)　　fú(福)
　　　　nà(那)　　nǐ(你)　　ne(呢)　　lā(拉)　　lǐ(里)　　sù(速)
　　　　sì(四)　　sè(色)　　hē(喝)　　hú(湖)　　xī(西)　　xū(需)

CD11
聞き取り練習

1、発音されたものにチェックを入れましょう。

　　(1) ①pā(　)　②bā(　)　　(2) ①pǔ(　)　②bù(　)
　　(3) ①pǐ(　)　②bǐ(　)　　(4) ①qù(　)　②kù(　)
　　(5) ①kǔ(　)　②gǔ(　)　　(6) ①kā(　)　②gā(　)
　　(7) ①tǎ(　)　②dǎ(　)　　(8) ①dì(　)　②tī(　)
　　(9) ①cā(　)　②zá(　)　　(10) ①chē(　)　②zhè(　)
　　(11) ①cè(　)　②zé(　)　　(12) ①chá(　)　②zhá(　)

CD12
単語　[　]にピンインを書き入れましょう。

你　[　　]代　あなた　　　　我　[　　]代　わたし
他　[　　]代　かれ　　　　　您　[　　]代　第2人称の敬語
她　[　　]代　彼女　　　　　它　[　　]代　人間以外の第3人称
来　[　　]動　〜しよう　　　学　[　　]動　まなぶ
一起[　　]副　一緒に　　　　汉语[　　]名　中国語
谁　[　　]代　誰　　　　　　们　[　　]接　〜達　〜方　〜ら

金玉満堂

第一课　　你我他

語　法

一　人称代名詞

	単　　数	複　　数
一人称	wǒ 我（私）	Wǒmen 我们（私達） zánmen 咱们（私達）＊
二人称	nǐ 你（貴方） nín 您（「你」の丁寧語）	nǐmen 你们（貴方たち）
三人称	tā 他（彼）　她（彼女） 它（あの者、それ、あれ）	tāmen 他们（彼ら）　她们（彼女ら） 它们（あの者たち）
不定称	Shuí／shéi 谁（誰）＊	

＊ 咱们　私たち（その場にいる全員を含んだ言い方）
＊ 誰ら ≠ 谁们 ×

確認：次の日本語を中国語の漢字とピンインに直しなさい。

　　　　　ピンイン　　　中国語　　　　　　　　ピンイン　　　中国語
1　彼女　_____　_____　　2　私たち　_____　_____

3　あなた　_____　_____　　4　彼ら　_____　_____

二　基本文型
　　主語＋動詞＋名詞

（1）我们吃面包。Wǒmen chī miànbāo.　　_____

（2）他们买香蕉。Tāmen mǎi xiāngjiāo.　　_____

（3）你喝豆浆吗？Nǐ hē dòujiāng ma?　　_____

（4）大家踢足球。Dàjiā tī zúqiú.　　_____

新出語句
① 吃　chī　（動）食べる　　　　⑥ 香蕉　xiāngjiāo　（名）バナナ
② 面包　miànbāo　（名）パン　　⑦ 踢　tī　（動）（ボールなどを）蹴る
③ 喝　hē　（動）飲む　　　　　⑧ 足球　zúqiú　（名）サッカー、サッカーボール
④ 豆浆　dòujiāng　（名）豆乳　　⑨ 大家　dàjiā　（代）皆さん
⑤ 买　mǎi　（動）買う

****
なぞなぞ　次の単語は中国の地名です。ウーロン茶をよく飲んでいるのはどの地域でしょう。

　　①、雲南　　　②、四川　　　③、広東　　　④、福建
　　　Yúnnán　　　Sìchuān　　　Guǎngdōng　　 Fújiàn

5

《明明塾中国語》　第 一 課　**基本練習**

一、発音を聞いて_に母音を書き入れなさい。

　　1, p_____　　2, q_____　　3, c_____　　4, c_____

　　5, k_____　　6, p_____　　7, t_____　　8, c_____

　　9, t_____　　10, ch_____　11, k_____　　12, t_____

二、発音を聞いて_に子音を書き入れなさい。

　　1, _____a　　2, _____u　　3, _____u　　4, _____a

　　5, _____e　　6, _____u　　7, _____u　　8, _____i

　　9, _____i　　10, _____e　11, _____e　　12, _____u

三、発音を聞いて、次のピンインに声調記号をつけなさい。

　　1, a　　　　2, yu　　　3, o　　　　4, ku

　　5, cha　　　6, qu　　　7, ti　　　8, te

　　9, bi　　　10, ba　　　11, zi　　　12, ju

CD13
四、発音を聞いてピンインで書きましょう。

　　(1) _____ (2) _____ (3) _____ (4) _____ (5) _____ (6) _____

CD14
五、発音を聞いて簡体字で書きましょう。

　　(1) _____ (2) _____ (3) _____ (4) _____ (5) _____ (6) _____

____月 ____日 ____限　学籍番号_____　氏名_____

第二课　　饿了吗？
Dì èr kè　　È le ma?

■ 課文

とにかく先生の発音を真似しましょう。

A:吃 蛋糕 吧。　　　B:我 不 饿，我 口 渴。
　Chī dàngāo ba.　　　　Wǒ bú è, wǒ kǒu kě.

A:喝 茶 吧。　　　　B:谢谢。
　Hē chá ba.　　　　　　Xièxie.

発音二

一　複母音

強弱形	**ai**	**ei**	**ao**	**ou**
弱強形	**ia**(ya)	**ie**(ye)	**ua**(wa)	**uo**(wo)	**üe**(yue)
弱強弱形	**iao**(yao)	**iou**(you)	**uai**(wai)	**uei**(wei)

発音練習

lòu（漏）	lüè（略）	liè（烈）	lǎo（老）
bǎi（百）	běi（北）	bāo（包）	bié（别）
tài（太）	tǎo（讨）	tóu（头）	tiě（铁）
jiā（家）	xià（夏）	huā（花）	huǒ（火）
jiāo（教）	kuài（快）	huì（会）	qiū（秋）
jiǔ（九）	yào（要）	wài（外）	xiǎo（小）
zuò（做）	qiáo（桥）	suì（岁）	yuē（约）

聞いて母音を書き入れましょう

(1) l___　(2) l___　(3) b___　(4) b___　(5) t___　(6) t___

(7) h___　(8) j___　(9) k___　(10) h___　(11) q___　(12) j___

(13) y___　(14) w___　(15) z___　(16) q___

CD19、20
二　鼻母音

「n」の発音部位は舌面と歯茎で、「ng」の発音部位は舌根と軟口蓋です。下図のとおりです。

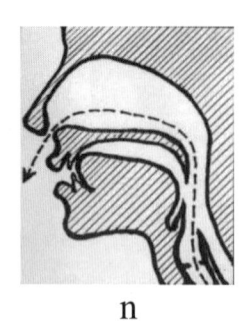

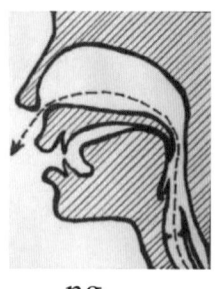

n　　　　　　　ng

要領：「n」は、左図のように舌先を上の歯茎に押し付けて「アンナイ」の「ン」と発音しますが、「ng」は、右図のように舌先はどこもつけずにして「アンガイ」の「ン」と発音します。

前鼻音 -n		後鼻音 -ng		
an	**en**	**ang**	**eng**	**ong**
ian(yan)	**in**(yin)	**iang**(yang)	**ing**(ying)	**iong**(yong)
uan(wan)	**uen**(wen)	**uang**(wang)	**ueng**(weng)	
üan(yuan)	**ün**(yun)			

CD21
発音練習

xīn（心）　xīng（星）　qún（裙）　yuǎn（远）　lán（兰）　láng（狼）
liǎn（脸）　liǎng（两）　bān（班）　bāng（帮）　nián（年）　niáng（娘）
wǎn（晚）　wǎng（往）　hóng（红）　yòng（用）　wēn（温）　wēng（翁）

CD22
聞き取り練習　発音されたものにチェックを入れましょう

1、①lán（　）②láng（　）　　2、①liǎn（　）②liǎng（　）
3、①bàn（　）②bāng（　）　　4、①yòng（　）②hóng（　）
5、①nián（　）②niáng（　）　　6、①wēn（　）②wēng（　）
7、①xīn（　）②xīng（　）　　8、①wǎn（　）②wǎng（　）

第二课　饿了吗?

CD23、24
発音練習

Jīntiān (今天)	Běijīng (北京)	diǎnxin (点心)	xìngfú (幸福)
xùnsù (迅速)	Qúnmǎ (群马)	xióngmāo (熊猫)	yīngxióng (英雄)
wǎnshang (晚上)	xiàngwǎng (向往)	wēnnuǎn (温暖)	tiānkōng (天空)
kùnnan (困难)	huánghūn (黄昏)	gōngchǎng (工厂)	Guǎngdǎo (广岛)

CD25
発音を聞いてピンインを書き入れましょう

(1) w___sh___　　(2) k___n____　　(3) G____d____　　(4) g____ang
(5) j_____ian　　(6) t___k____　　(7) h____h____　　(8) d____x____
(9) x___s____　　(10) Q___m___　　(11) B_____ing　　(12) x___f____

三　ピンインのつづり方

1、i、u、ü が語頭に来るとき：y、w を使って表示します。

　　i → yi　　　　　u → wu　　　　　ü → yu
　　ia → ya　　　　ua → wa　　　　üe → yue

2、iou、uei、uen が子音に後続する時、真ん中の o と e は表記されません。

　　iou → you　　　uei → wei　　　uen → wen
　　l＋iou → liu　　d＋uei → dui　　c＋uen → cun

3、ü は子音 j、q、x に後続するとき u に書き換える必要があります。

　　a, jü → ju　　　qü → qu　　　　xü → xu
　　b, lü → lü ≠ lu　　nü → nü ≠ nu

＊正しいピンインつづりに直りましょう

① m+iou→_____　　d+iou→_____　　n+iou→_____　　z+uen→_____
② l+iou→ _____　　j+iou→_____　　q+iou→_____　　x+iou→_____

③ d+uei →_____　　t+uei→_____　　g+uei→_____　　k+uei→_____
④ h+uei →_____　　zh+uei→_____　　ch+uei→_____　　r+uei→_____

⑤ d+uen→_____　　t+uen→_____　　g+uen→_____　　s+uen→_____
⑥ k+uen→_____　　h+uen→_____　　ch+uen→_____　　r+uen→_____

四 声調のつけ方

まずは a に。
a が無ければ o か e につけましょう。
i と u または u と i が並べば 後ろの方につけましょう。
i は上の点をとってつけましょう。

五 「n」と「ng」を区別する方法

中国語発音の鼻音は大変難しいですが、簡単に判断する方法があります。日本語で「ん」で終る漢字は鼻音「 n 」の方になり、「い」と「う」で終る漢字は「 ng 」の方になります。
例えば：「山」(さん)は「ん」で終るので「shan」になり、
　　　　「上」(じょう)は「う」で終るので「shang」に、
　　　　「経」(けい)は「い」で終るので「jing」になります。

CD26
単語　[　]にピンインを書き入れましょう。

吃 [　] 動 食べる	饿 [　] 形 おなかがすく
蛋糕[　] 名 ケーキ	口渇[　] 形 のどが渇く
吧 [　] 助 勧誘	喝 [　] 動 飲む
不 [　] 形 〜ない、〜しない	茶 [　] 名 お茶

CD27
唐诗

　　　　　　咏　鹅　(Yǒng é)

　　　　　　　　　　　　　　　　骆宾王 (Luò bīnwáng)

　鹅　鹅　鹅,　　　　　鵞鳥が
　É   é   é,

　曲 项 向 天 歌,　　　首を曲げて空に向かって歌う,
　Qū xiàng xiàng tiān gē,

　白 毛 浮 绿 水,　　　白い羽が青い水の上に浮かんでおり,
　Bái máo fú lǜ shuǐ,

　红 掌 拨 青 波。　　　赤い手は澄んだ水をかき分ける。
　Hōng zhǎng bō qīng bō.

第二课　饿了吗？

語　法

一　勧誘の「吧 ba」

メモ：

　　<1>我们 买 八宝饭吧。　　　　<2>你吃 香蕉 吧。
　　　Wǒmen mǎi bābǎofàn ba.　　　　Nǐ chī xiāngjiāo ba.

練習　　日本語を中国語に訳しなさい。

(1) 私達は一緒に中国語を勉強しましょう。_____

(2) サッカーをプレーしましょう。　　　　_____

二　動詞と否定詞「不」

　　<1>他不去学校。　　　　　　<2>我不喝啤酒。
　　　Tā bú qù xuéxiào.　　　　　Wǒ bù hē píjiǔ.

次の表を正しく書き入れましょう。

		肯定（中国語）	否定（中国語）
1	豆乳を飲む		
2	バナナを食べる		
3	サッカーをプレーする		
4	八宝ご飯を食べる		
5	パンを買う		
6	サッカーをプレーしない		
7	中国語を学ぶ		
8	バナナを買う。		
9	ビールを飲む		
10	ケーキを食べる		

新出語句
① 去　　qù　　（動）行く　　　　③八宝饭 bābǎofàn（名）八宝ご飯
② 学校　xuéxiào（名）学校　　　　④ 啤酒　píjiǔ　（名）ビール

挨拶語　1
　1、你好！　　　　Nǐhǎo！　　　　　こんにちは。
　2、谢谢！　　　　Xièxie！　　　　　ありがとうございます。
　3、再见！　　　　Zàijiàn！　　　　　さようなら。
　4、同学们好！　　Tóngxuémen hǎo！　学生の皆さん、こんにちは。
　5、老师好！　　　Lǎoshī hǎo！　　　先生、こんにちは。

《明明塾中国語》　第 二 課　基本練習

一、発音を聞いて_に複母音を書き入れなさい。

1, b_____　2, l_____　3, l_____　4, s_____　5, l_____

6, l_____　7, l_____　8, x_____　9, l_____　10, h_____

二、発音を聞いて_に鼻母音を書き入れなさい。

1, q_____　2, l_____　3, b_____　4, w_____　5, l_____

6, w_____　7, y_____　8, q_____　9, l_____　10, l_____

三、発音を聞いて、漢字を書きなさい。

1,_____　2,_____　3,_____　4,_____　5,_____

6,_____　7,_____　8,_____　9,_____　10,_____

四、次の日本語を中国語に訳しなさい。

1, 私達は一緒にケーキを食べましょう。　_____

2, 彼は中国語をならいません。　_____

3, 私はお茶を飲みません。　_____

4, 彼はお腹が空いていません。　_____

5, 彼らはケーキを食べません。　_____

五、正しいピンインに直しなさい。

1, ing　>>_____　2, uen　>>_____　3, jü　>>_____

4, ua　>>_____　5, liou　>>_____　6, cuen　>>_____

CD28
六、発音を聞いてピンインで書きましょう。

(1) _____ (2) _____ (3) _____ (4) _____ (5) _____ (6) _____

CD29
七、発音を聞いて簡体字で書きましょう。

(1) _____ (2) _____ (3) _____ (4) _____ (5) _____ (6) _____

___月 ___日 ___限　学籍番号_____　氏名_____

第三课　您贵姓?
Dì sān kè　Nín guì xìng?

CD30
■ 课文

我 姓 张, 叫 张 明 明。 我 是 中国 留学生,
Wǒ xìng Zhāng, jiào Zhāng Míngmíng. Wǒ shì Zhōngguó liúxuéshēng

从 中国 湖北 来。
cóng Zhōngguó Húběi lái.

CD31
单语　[ ]にピンインを書き入れましょう。

姓 [ ]	動 ～という苗字です	湖北 [ ]	地 湖北
哪里 [ ]	疑 どこ	来 [ ]	動 来る
叫 [ ]	動 ～という名前です	是 [ ]	動 ～だ
张明明 [ ]	名 人名	留学生 [ ]	名 留学生
从 [ ]	介 ～から	什么 [ ]	疑 何
中国 [ ]	地 中国	名字 [ ]	名 名前

CD32
会话

小林: 您 贵 姓?
Xiǎolín　Nín guì xìng?

明明: 我 姓 张。
Míngmíng　Wǒ xìng Zhāng.

小林: 你 叫 什么 名字?
　　　Nǐ jiào shénme míngzi?

明明: 我 叫 张 明明。
　　　Wǒ jiào Zhāng Míngmíng.

小林: 你 从 哪里 来?
　　　Nǐ cóng nǎli lái?

明明: 我 从 中国 来。
　　　Wǒ cóng Zhnōngguó lái.

発音三

一　声調変化

(1) ' 一 yī ' の変化　　第四声の前に来るとき二声に、
　　　　　　　　　　　第一、二、三声の前に来るとき第四声に変化します。

　　　　一月 yíyuè　　　一万 yíwàn
　　　　一天 yìtiān　　　一年 yìnián　　　一百 yìbǎi

(2) ' 不 bù ' の変化　　第四声の前に置かれるとき二声に変化します。

　　　　不去 bù qù → bú qù　　不看 bù kàn → bú kàn

(3) 第三声の変調　　第三声が続くと前の三声が二声に変わります。

　　　　你好 nǐhǎo → níhǎo　（発音は変わりますが表記はそのままです）

二　声調に気をつけながら発音しましょう。

	第1声	第2声	第3声	第4声	轻声
第1声	kāfēi 咖啡	āyí 阿姨	Yīngyǔ 英语	yīnyuè 音乐	māma 妈妈
第2声	píngfāng 平方	rénmín 人民	niúnǎi 牛奶	zázhì 杂志	yéye 爷爷
第3声	kǎtōng 卡通	jiǔxí 酒席	jǐdiǎn 几点	hǎokàn 好看	nǎinai 奶奶
第4声	jiàqī 假期	tàiyáng 太阳	Hànyǔ 汉语	sùshè 宿舍	bàba 爸爸

三　r (アル) 化

r 化とは、音節の後ろに「r」がくることで、漢字表記は「儿」です。
例えば：

　　　　花儿 huār　　　这儿 zhèr
　　　　皮儿 pír　　　小孩儿 xiǎoháir

四　数詞

　　　一　二　三　四　五　六　七　八　九　十
　　　yī　èr　sān　sì　wǔ　liù　qī　bā　jiǔ　shí

第三课　您贵姓?

語　法

一　判断を表す「是 shì」

主語＋是＋名詞。
主語＋是＋名詞＋吗?
主語＋不是＋名詞。

<1> 你是留学生吗?
　　Nǐ shì liúxuéshéng ma?

<2> 他是美国人。
　　Tā shì měiguórén.

<3> 那不是手机。
　　Nà bú shì shǒujī.

<4> 他是不是中国人?
　　Tā shì bu shì zhōngguórén?

＊「不」は「是」と動詞の前に付けて現在形の否定を表す。

確認 次の日本語を中国語に訳しなさい。

(1) マリーは先生です。　　_____

(2) 彼は誰ですか。　　　　_____

(3) それはビールではありません。_____

(4) あれもパンですか。　　_____

二　指示代名詞

		近　称		遠　称		疑　問	
事物	単数	这 zhè　これ		那 nà　それ、あれ		哪 nǎ　どれ	
		这个 zhège　この		那个 nàge　その、あの		哪个 nǎge　どの	
	複数	这些 zhèxiē　これら		那些 nàxiē　それら、あれら		哪些 nǎxiē　どれら	
場所		这儿 zhèr　ここ		那儿 nàr　そこ、あそこ		哪儿 nǎr　どこ	
		这里 zhèli　ここ		那里 nàli　そこ、あそこ		哪里 nǎli　どこ	

指示代名詞＋名詞

(1) 这些老师 _____　(2) 那个美国人 _____

(3) 这个手机 _____　(4) 那些留学生 _____

主語＋動詞＋場所代名詞

(5) 你去哪里? _____　_____

(6) 他不来这儿。_____　_____

| 練習 | 日本語を中国語に訳しなさい。

(1) これは何ですか。　　　　　＿＿＿＿＿＿＿＿＿＿＿＿＿＿

(2) あれは携帯電話です。　　　＿＿＿＿＿＿＿＿＿＿＿＿＿＿

(3) これらの本は誰のですか。　＿＿＿＿＿＿＿＿＿＿＿＿＿＿

(4) 私の携帯はこれです。　　　＿＿＿＿＿＿＿＿＿＿＿＿＿＿

三　名前を言うことに使う「姓 xìng」「叫 jiào」「是 shì」
メモ：

<1>我姓司马，叫司马太郎。
　　　Wǒ xìng Sīmǎ, jiào Sīmǎ Tàiláng.

<2>A:您贵姓？　B:我姓张。
　　　A:Nín guì xìng?　B:Wǒ xìng Zhāng.

<3>A:你叫什么 名字？　B:我叫 张明明。
　　　A:Nǐ jiào shénme míngzi?　B:Wǒ jiào Zhāng Míngmíng.

<4> 我是 李小华。
　　　Wǒ shì Lǐ Xiǎohuá.

| 練習 | 文を完成しなさい。

(1) 你叫＿＿＿＿＿＿＿＿＿？　　(2) 我姓＿＿＿＿＿＿＿＿＿。

(3) 他姓＿＿＿＿＿＿＿＿＿？　　(4) 我叫＿＿＿＿＿＿＿＿＿。

四　起点を表す「从 cóng」
メモ：

<1>你从哪里来？
　　　Nǐ cóng nǎli lái?

<2>我从上海出发。
　　　Wǒ cóng Shànghǎi chūfā.

| 練習 | 日本語を中国語に訳しなさい。

　　　　　　　　　　　　　　　ピンイン　　　　　　中国語

(1) マリーはアメリカから来ます。　＿＿＿＿＿＿＿＿　＿＿＿＿＿＿＿＿

(2) 彼は大阪から帰ります。　　　　＿＿＿＿＿＿＿＿　＿＿＿＿＿＿＿＿

五　疑問詞「什么 shénme」
メモ：

<1>这是什么？
　　　Zhè shì shénme?

<2>那是什么书？
　　　Nà shì shénme shū?

| 練習 | 日本語を中国語に訳しなさい。

　　　　　　　　　　　　　　　　ピンイン　　　　　　中国語

(1) 彼はなんの用がありますか。　　＿＿＿＿＿＿＿＿　＿＿＿＿＿＿＿＿

(2) これはなんというお茶ですか。　＿＿＿＿＿＿＿＿　＿＿＿＿＿＿＿＿

(3) 貴方はどんなビールを飲みますか。＿＿＿＿＿＿＿＿　＿＿＿＿＿＿＿＿

第三课　　您 贵 姓？

新出語句

① 美国人　Měiguórén　（名）アメリカ人
② 手机　　shǒujī　　（名）携帯電話
③ 吗　　　ma　　　　（代）〜か？
④ 玛丽　　Mǎlì　　　（名）マリー
⑤ 不是　　búshì　　　（動）ではない
⑥ 老师　　lǎoshī　　 （名）先生
⑦ 个　　　ge　　　　（量）個
⑧ 中国人　Zhōngguórén（名）中国人
⑨ 李小华　Lǐ Xiǎohuá　（名）人名
⑩ 上海　　Shànghǎi　　（名）上海
⑪ 出发　　chūfā　　　（動）出発する
⑫ 回来　　huílái　　　（動）帰る
⑬ 书　　　shū　　　　（名）本
⑭ 事　　　shì　　　　（名）用、用事
⑮ 茶　　　chá　　　　（名）お茶
⑯ 大阪　　Dàbǎn　　　（地名）大阪

****

ミニ知識　万里の長城

　万里の長城は「月から見える唯一の建造物」だといわれています。地図上の総距離は 2700km ですが、山を上下しているので総延長は 6000km に及びます。(北海道から沖縄までの日本列島を囲む距離)高さは平均 7.8m、幅は 6.5m あり、10 人の隊列が横並びに移動できます。
　建造が始まったのは 2500 年前の周の時代で、匈奴の侵入を防ぐのが目的でした。その後、秦の始皇帝が数百万人を動員して本格的な建造を成し遂げました。さらに、明代には蒙古の襲来を恐れ、大規模な修復を行い、現在の長城を造り上げました。
　北京の八達嶺にある長城は、きわめて上質の材料を使って特に堅固に築造されており、もっとも完全な形で保存されている、長城観賞には最適な場所です。

《明明塾中国語》　第 三 課　基本練習

一、「一」と「不」の声調記号を付けなさい。
　1, yinián　　2, buqù　　3, buxué　　4, yiyuè

二、次の名詞の前に適当な動詞を書き入れなさい。
　1, _____小林　2, _____什么　3, _____蛋糕　4, _____茶
　5, _____张明明　6, _____什么名字　7, _____什么书

三、「___」に適当な語を入れなさい。
　1, 那是_____书?　2, 他____是留学生。　3, 我_____大阪来。
　4, 您_____姓?　5, 我_____司马。　6, 我叫_____。

CD37
四、発音を聞いて空欄を埋めましょう。
　(1) 我_____中国来。　(2) 你叫什么_____?　(3) 我_____张。
　(4) 你从_____来?　(5) 您_____姓?　(6) 我____张明明。

五、次の日本語を中国語に訳しなさい。
　1, 彼は司馬といいます。　_____
　2, 君は何という名前ですか。　_____
　3, 君は中国人留学生ですか。　_____
　4, 私は日本から来ました。　_____
　5, これは何という本ですか。　_____

CD38
六、正しい声調記号をつけましょう。
　(1) cong　从　　　(2) lai　来　　　(3) xing　姓
　(4) yitian　一天　(5) jiao　叫　　　(6) nali　哪里
　(7) shenme　什么　(8) yiyue　一月　(9) yibai　一百
　(10) Riben　日本　(11) bukan　不看　(12) yinian　一年

　　____月 ____日____限　学籍番号_____　氏名_____

第四课　我的家
Dì sì kè　　Wǒ de jiā

CD43　■ 课文

我 家 在 上海， 我 家 有 三口 人， 爸爸、 妈妈 和 我。
Wǒ jiā zài Shànghǎi, wǒ jiā yǒu sānkǒu rén, bàba, māma hé wǒ.

我 是 独生子。 我 爸爸 是 医生， 妈妈 是 小学 老师。
Wǒ shì dúshēngzǐ. Wǒ bàba shì yīshēng, Māma shì xiǎoxué lǎoshī.

CD44
单语　[　]にピンインを書き入れましょう。

我家 [　]	名 我が家	人 [　]	名 人
在 [　]	動 いる、ある	爸爸 [　]	名 父
有 [　]	動 いる、ある	妈妈 [　]	名 母
上海 [　]	地 上海	和 [　]	介 と
医生 [　]	名 医者	没有 [　]	副 ない
独生子 [　]	名 一人っ子	做 [　]	動 する、つくる
小学 [　]	名 小学校	都 [　]	副 みな
老师 [　]	名 先生	呢 [　]	助 ——は？
口 [　]	量 家族を数える	工作 [　]	名 職業、仕事
几 [　]	疑 いくつ		

＊＊＊

ミニ知識　春節　（旧正月）　旧暦1月1日
　春節は中国では、1年で一番大きな祝日であり、1週間程度の連休となります。旧暦に基づいているので、西暦によるカレンダー上の日付は毎年異なり、連休のスケジュールもその都度発表されます。　大晦日の夜の食事は**年夜飯**（niányèfàn）といいお年玉は**圧歳銭**（yāsuìqián）といいます。

CD45 会話

小林： 你 家 在 哪里？
Xiǎolín　Nǐ jiā zài nǎli?

明明： 我 家 在 上海。
Míngmíng　Wǒ jiā zài Shànghǎi.

小林： 你 家 有 几 口 人？
　　　Nǐ jiā yǒu jǐ kǒu rén?

明明： 我 家 有 三 口 人。
　　　Wǒ jiā yǒu sān kǒu rén.

小林： 都 有 什么 人？
　　　Dōu yǒu shénme rén?

明明： 爸爸、妈妈 和 我。
　　　Bàba、māma hé wǒ.

小林： 你 爸爸 做 什么 工作？
　　　Nǐ bàba zuò shénme gōngzuò?

明明： 我 爸爸 是 医生。
　　　Wǒ bàba shì yīshēng.

小林： 你 妈妈 呢？
　　　Nǐ māma ne?

明明： 妈妈 是 小学 老师。
　　　Māma shì xiǎoxué lǎoshī.

****

なぞなぞ　　中国で一番長い川はどれでしょう？

①長江（揚子江）　　②黄河　　③黒龍江　　④珠江
　Chángjiāng　　　　Huánghé　　Hēilóngjiāng　　Zhūjiāng

第四课　我　的　家

長　　江

語　法

一　省略疑問の「呢 ne」

メモ:

<1>A:我是学生，你呢?　　　B:我也是学生。
　　A:Wǒ shì xuésheng, nǐ ne?　　B:Wǒ yě shì xuésheng.

練習　日本語を中国語に訳しなさい。

　　　　　　　　　　　　　　　　ピンイン　　　　　　　　中国語

(1) あなたはテレビを見ますが、彼は？＿＿＿＿＿＿＿＿＿　　＿＿＿＿＿＿＿＿

(2) お父さんは医者ですがお母さんは？＿＿＿＿＿＿＿＿＿　　＿＿＿＿＿＿＿＿

(3) 彼はケーキを食べますが、君は？＿＿＿＿＿＿＿＿＿　　＿＿＿＿＿＿＿＿

二　存在を表す「在 zài」と「有 yǒu」

メモ:

<1>她家在北京,不在上海。　　　　<2>车站 在小学右边。
　　Tā jiā zài Běijīng, bú zài Shànghǎi.　　　Chēzhàn zài xiǎoxué yòubian.

<3>你家(里)都有什么人?　　　　<4>公园　右边　有一个小学。
　　Nǐ jiā (li) dōuyǒu shénme rén?　　　Gōngyuán yòubian yǒuyíge xiǎoxué.

21

|練習| 日本語を中国語に訳しなさい。

(1) 李先生は教室にいません。　　_____

(2) 今彼はどこにいますか。　　_____

(3) 教室には学生がいません。　　_____

三　所有を表す「有 yǒu」
メモ：

　　<1>我 有一本 汉语词典。　　　　　<2>我有 两个 弟弟。
　　　　Wǒ yǒu yìběn Hànyǔ cídiǎn　　　　Wǒ yǒu liǎngge dìdi

|練習| 日本語を中国語に訳しなさい。

(1) あなたは携帯電話を持っていますか。　　_____

(2) 彼は中国語の辞書を持っていません。　　_____

(3) あなたはボールペンを何本持っていますか。　　_____

四　接続詞「和 hé」
メモ：

　　<1>我和他一起学汉语。　　　　<2>他不和我一起学汉语。
　　　　Wǒ hé tā yìqǐ xué Hànyǔ.　　　　Tā bù hé wǒ yìqǐ xué Hànyǔ.

|練習| 日本語を中国語に訳しなさい。

(1) この辞書と本は誰のですか。　　_____

(2) あなたは誰とお茶を飲みますか。　　_____

(3) 私は彼とは一緒に行きません。　　_____

五　曜日の言い方

星期一	星期二	星期三	星期四	星期五	星期六	星期天(日)
xīngqīyī	xīngqī'èr	xīngqīsān	xīngqīsì	xīngqīwǔ	xīngqīliù	xīngqītiān(rì)
月曜日	火曜日	水曜日	木曜日	金曜日	土曜日	日曜日

応用例：　A:今天星期几?　　　B:今天星期五。
　　　　　A:Jīntiān xīngqī jǐ?　　B: Jīntiān xīngqīwǔ.

|練習|　日本語を中国語に訳しなさい。
　　　　　　　　　　　　ピンイン　　　　　　　中国語
(1) 明日は火曜日ですか。　_____　_____

(2) 昨日は月曜日です。　　_____　_____

第四课　我　的　家

語句勉強　「都」

<1>我是学生，你是 学生，我们都是学生。　　　<2>他们都不姓李。
　　Wǒ shì xuésheng, nǐ shì xuésheng, wǒmen dōu shì xuésheng.　　　Tāmen dōu búxìng Lǐ.

練習　日本語を中国語に訳しなさい。

<1>私達はみんなアメリカ人ではありません。_____

<2>彼はみんな辞書を持っています。　　_____

<3>私たちはみんな行きません。　　　_____

注意：也都○　都也×　都不○　不都×

新出語句

① 也　　　yě　　　　　（副）～も
② 学生　　xuésheng　　（名）学生
③ 李　　　Lǐ　　　　　（名）中国人名字
④ 现在　　xiànzài　　　（名）今、現在
⑤ 右边　　yòubian　　　（名）右側
⑥ 教室　　jiàoshì　　　（名）教室
⑦ 家　　　jiā　　　　　（名）家
⑧ 吃饭　　chīfàn　　　（動）ご飯を食べる
⑨ 电视　　diànshì　　　（名）テレビ
⑩ 看　　　kàn　　　　　（動）見る
⑪ 北京　　Běijīng　　　（名）ペキン
⑫ 车站　　chēzhàn　　　（名）駅
⑬ 昨天　　zuótiān　　　（名）昨日
⑭ 公园　　gōngyuán　　（名）公園
⑮ 教室　　jiàoshì　　　（名）教室
⑯ 词典　　cídiǎn　　　（名）辞書
⑰ 两　　　liǎng　　　　（数）二
⑱ 弟弟　　dìdi　　　　（名）弟
⑲ 圆珠笔　yuánzhūbǐ　（名）ボールペン
⑳ 枝　　　zhī　　　　　（量）本
㉑ 今天　　jīntiān　　　（名）今日
㉒ 星期　　xīngqī　　　（名）曜日、週
㉓ 明天　　míngtiān　　（名）明日

中国の庭園

23

《明明塾中国語》　第四課　**基本練習**

一、正しい文に並べ替えなさい。

1, 车站、小学、有、右边、一个、＿＿＿＿＿＿＿＿＿＿＿＿＿＿＿＿＿
2, 也、弟弟、哥哥、我、没有、和、＿＿＿＿＿＿＿＿＿＿＿＿＿＿＿＿＿
3, 你、我、学、一起、汉语、和、＿＿＿＿＿＿＿＿＿＿＿＿＿＿＿＿＿
4, 什么、他、工作、妈妈、做、＿＿＿＿＿＿＿＿＿＿＿＿＿＿＿＿＿
5, 什么、有、人、家、你、　都　＿＿＿＿＿＿＿＿＿＿＿＿＿＿＿＿＿

二、次の日本語を中国語に訳しなさい。

1, 私達はみな中国人です。　＿＿＿＿＿＿＿＿＿＿＿＿＿＿＿＿＿
2, あなたの家はどこですか。　＿＿＿＿＿＿＿＿＿＿＿＿＿＿＿＿＿
3, 私の母は医者ではありません。　＿＿＿＿＿＿＿＿＿＿＿＿＿＿＿
4, あなたは何人家族ですか。　＿＿＿＿＿＿＿＿＿＿＿＿＿＿＿＿＿
5, あなたの家にどなたとどなたがいますか。
　＿＿＿＿＿＿＿＿＿＿＿＿＿＿＿＿＿＿＿＿＿＿＿＿＿＿＿＿＿＿＿

三、次の文を否定文と一般疑問文に書き換えなさい。

1, 我家在上海。　　否＿＿＿＿＿＿＿＿＿＿＿＿＿＿＿＿＿＿＿＿
　　　　　　　　　疑＿＿＿＿＿＿＿＿＿＿＿＿＿＿＿＿＿＿＿＿
2, 他妈妈是医生。　否＿＿＿＿＿＿＿＿＿＿＿＿＿＿＿＿＿＿＿＿
　　　　　　　　　疑＿＿＿＿＿＿＿＿＿＿＿＿＿＿＿＿＿＿＿＿
3, 我家有三口人。　否＿＿＿＿＿＿＿＿＿＿＿＿＿＿＿＿＿＿＿＿
　　　　　　　　　疑＿＿＿＿＿＿＿＿＿＿＿＿＿＿＿＿＿＿＿＿

四、次のピンイン文を読んで答えなさい。

1, Nǐ bàba zuò shénme gōngzuò?　答：＿＿＿＿＿＿＿＿＿＿＿＿＿
2, Nǐ jiā zài nǎli?　答：＿＿＿＿＿＿＿＿＿＿＿＿＿＿＿＿＿＿
3, Nǐ bàba shì yīshēng ma?　答：＿＿＿＿＿＿＿＿＿＿＿＿＿＿＿
4, Nǐ shì Rìběnrén ma?　答：＿＿＿＿＿＿＿＿＿＿＿＿＿＿＿＿
5, Nǐ yǒu dìdi ma?　答：＿＿＿＿＿＿＿＿＿＿＿＿＿＿＿＿＿＿

CD46
五、発音を聞いて＿＿に漢字を書きましょう。

(1) 你＿＿＿＿做＿＿＿＿工作？　　(2) 你家在＿＿＿＿＿＿？

(3) 他家有＿＿＿＿＿＿？　　(4) ＿＿＿＿＿＿是小学老师？

(5) 你家＿＿＿＿＿＿？　　(6) 我家在＿＿＿＿＿＿。

＿＿月　＿＿日　＿＿限　学籍番号＿＿＿＿＿＿　氏名＿＿＿＿＿＿＿

第五课　　大学生
Dì wǔ kè　　dà xué shāng

CD47
■ 課文

我 是 上海 大学 法律 系 一 年级 的 学生。 我们 大学 很大，
Wǒ shì Shànghǎi dàxué fǎlǜ xì yī niánjí de xuésheng. Wǒmen dà xué hěn dà,

有 三万 多 学生。我们 大学 的 校园 在 上海 的 西边。平时 我们
yǒu sānwàn duō xuésheng. Wǒmen dàxué de xiàoyuán zài Shànghǎi de xībian. Píngshí wǒmen

每天 都 有 课， 只有 星期五 下午 没有 课。
měitiān dōu yǒu kè, zhíyǒu xīngqī wǔ xiàwǔ méiyǒu kè.

CD48, 9

単語　　[　]にピンインを書き入れましょう。

漂亮 [　]	形	美しい	学生 [　]	名	学生
大学 [　]	名	大学	很 [　]	副	とても
法律 [　]	名	法律	大 [　]	形	大きい
系 [　]	名	学部	校园 [　]	名	キャンパス
哪个 [　]	疑	どの	西边 [　]	方	西側
多 [　]	形	あまり	每天 [　]	名	毎日
只有 [　]	副	ただ〜だけ	下午 [　]	名	午後
平时 [　]	名	普段、	课 [　]	名	授業
星期五 [　]	名	金曜日	对 [　]	形	その通りだ
年级 [　]	名	学年	多少 [　]	疑	どれくらい
的 [　]	助	の			

****

ミニ知識　大学キャンパス(**大学校园**-dàxuéxiàoyuán)
　中国の大学生は寮生活がほとんどです。昔は六畳よりちょっと広い部屋に二段ベッドが四つも置かれて、6人から8人が泊まっていましたが、今はだいぶ改善されて4人か2人で一室の大学が多くなりました。大学構内に生活に必要な施設があります。たとえば病院(**医院**-yīyuàn)や銀行(**银行**-yínháng)、郵便局(**邮局**-yóujú)そして売店(**小卖部**-xiǎomàibù)などがあります。学内に学生寮以外に教職員の居住区があり、大学によって託児所(**托儿所** tuòérsuǒ)、小中学校まであります。

CD50
会話

小林： 你 是 哪个 大学 的 学生？
Xiǎolín　Nǐ shì nǎge dàxué de xuésheng?

明明： 我 是 上海 大学 的 学生。
Míngmíng　Wǒ shì Shànghǎi dàxué de xuésheng.

小林： 你 几 年级？
　　　　Nǐ jǐ niánjí?

明明： 我 一 年级。
　　　　Wǒ yī niánjí.

小林： 你们 大学 有 多少 学生？
　　　　Nǐmen dàxué yǒu duōshao xuésheng?

明明： 我们 大学 有 三万 多 学生。
　　　　Wǒmen dàxué yǒu sānwàn duō xuésheng.

小林： 你们 每天 都 有 课 吗？
　　　　Nǐmen měitiān dōu yǒu kè ma?

明明： 对，我们 每天 都 有 课。
　　　　Duì, wǒmen měitiān dōu yǒu kè.

小林： 你们 校园 大 不 大？
　　　　Nǐmen xiàoyuán dà bu dà?

明明： 我们 校园 很 大，也 很 漂亮。
　　　　Wǒmen xiàouán hěn dà, yě hěn piàoliang.

鸡立于石上　鳥は吉と同音なので、大吉という意味です。

第五课　大学生

語　法

一　形容詞の使い方
メモ：

<1>他很　聪明。
　　Tā hěn cōngmíng.

<2>她不漂亮。
　　Tā bú piàoliang.

<3>那本书贵吗?
　　Nà běn shū guì ma?

<4>蛋糕贵，面包便宜。
　　Dàngāo guì, miànbāo piányi.

練習　　日本語を中国語に訳しなさい。

(1) ジュースはおいしいですか。　　_____

(2) 中国語は難しくなります。　　　_____

(3) 英語は難しいが日本語は易しいです。_____

(4) 私達の大学は遠いです。　　　　_____

二　「いくつ」の「几 jǐ」、「どれぐらい」の「多少 duōshao」
メモ：

<1> A:你几年级?　　　B:我二年级。
　　A:Nǐ jǐ niánjí?　　B:Wǒ èr niánjí.

<2> A:你们大学有多少学生?　　B:三万多。
　　A:Nǐmen dàxué yǒu duōshao xuésheng?　B:Sānwàn duō.

練習　　日本語を中国語に訳しなさい。

(1) 大阪の人口はどれぐらいですか。　_____

(2) これはいくらですか。　　　　　　_____

(3) 彼は何冊の本がありますか。　　　_____

三　方位詞
メモ：

	东 dōng	南 nán	西 xī	北 běi	上 shàng	下 xià	里 lǐ	外 wài	前 qián	后 hòu	左 zuǒ	右 yòu	旁 páng	对 duì
~边 biān														
~面 miàn														

东 dōng 東　　南 nán 南　　西 xī 西　　北 běi 北　　上 shàng 上　　下 xià 下　　里 lǐ なか
外 wài 外　　前 qián 前　　后 hòu 後ろ　　左 zuǒ 左　　右 yòu 右　　旁 páng そば　　对 duì 向かい

|練習|　日本語を中国語に訳しなさい。

(1) あの店は公園の右にあります。　＿＿＿＿＿＿＿＿＿＿＿＿＿＿＿＿

(2) 貴方の辞書は机の上にあります。　＿＿＿＿＿＿＿＿＿＿＿＿＿＿＿＿

(3) 駅は大学の向こうにあります。　＿＿＿＿＿＿＿＿＿＿＿＿＿＿＿＿

(4) 彼は教室の外にいます。　＿＿＿＿＿＿＿＿＿＿＿＿＿＿＿＿

|語句勉強|　「的」

　名詞を名詞に繋ぐには原則的に「的」が間に必要だが、たとえば「**我的词典**」「**上海的大学**」のようだ。次のような条件が満たせば「的」を省略してもいい。
　1, 親族関係：「他(的)妈妈」（彼の母）、「我(的)朋友」（私の友人）。
　2, 所属関係：「我们(的)大学」（私達の大学）「他们(的)公司」（彼らの会社）。

|練習|　日本語を中国語に訳しなさい。

(1) これは誰のですか。　＿＿＿＿＿＿＿＿＿＿＿＿＿＿＿＿

(2) それは彼のカバンではありません。　＿＿＿＿＿＿＿＿＿＿＿＿＿＿＿＿

(3) 私の母は小学校の先生です。　＿＿＿＿＿＿＿＿＿＿＿＿＿＿＿＿

形容詞一覧表

大 dà	小 xiǎo	高 gāo	矮 ǎi	长 cháng	短 duǎn	好 hǎo	坏 huài
大きい	小さい	高い	背が低い	長い	短い	良い	悪い
贵 guì	便宜 piányi	多 duō	少 shǎo	咸 xián	淡 dàn	酸 suān	甜 tián
値段が高い	値段が安い	多い	少ない	塩辛い	味が薄い	酸っぱい	甘い
苦 kǔ	辣 là	难 nán	容易 róngyi	远 yuǎn	近 jìn	聪明 cōngming	笨 bèn
苦い	辛い	難しい	易しい	遠い	近い	賢い	不器用
圆 yuán	亮 liàng	快乐 kuàilè	痛苦 tòngkǔ	好吃 hǎochī	好喝 hǎohē	漂亮 piàoliàng	难看 nánkàn
丸い	明るい	楽しい	苦しい	美味しい	美味しい	きれい	醜い

第五课　大学生

新出語句

① 果汁　guǒzhī　　　（名）ジュース
② 不太　bútài　　　　（副）余り～ない
③ 朋友　péngyou　　 （名）友達
④ 公司　gōngsī　　　（名）会社
⑤ 人口　rénkǒu　　　（名）人口
⑥ 岁　　suì　　　　　（名）才
⑦ 多少钱 duōshǎoqián（名）いくら
⑧ 英语　Yīngyǔ　　　（名）英語
⑨ 日语　Rìyǔ　　　　（名）日本語
⑩ 中文　Zhōngwén　　（名）中国語
⑪ 本　　běn　　　　　（量）冊
⑫ 商店　shāngdiàn　 （名）店
⑬ 桌子　zhuōzi　　　（名）机
⑭ 书包　shūbāo　　　（名）カバン
⑮ 块　　kuài　　　　（量）元

黄　山（安徽）

挨拶語 2

6、请跟我念。　　Qǐng gēn wǒ niàn.　　　私のあとについで朗読してください。
7、再念一遍。　　Zài niàn yíbiàn.　　　　もう一回読んでください。
8、请大声一点。　Qǐng dàshēng yìdiǎn.　　大きな声で。
9、我听不懂。　　Wǒ tīngbudǒng.　　　　 私は（聞いて）わかりません。
10、请你写一下。　Qǐng nǐ xiě yíxià.　　　どうぞちょっと書いてください。

《明明塾中国語》　第 五 課　基本練習

一、( )に適当な語を入れなさい。

1, 我家有三(　　　)人。　　　2, 他们大学有(　　　)学生?
3, 我们(　　　)不是学生。　　4, 那是我(　　　)词典。
5, 我们每天(　　　)有课。　　6, 他们公司有三百(　　　)职员。

二、正しい文に並べ替えなさい。

1, 你们、公司、职员、多少、有、　＿＿＿＿＿＿＿＿＿＿＿＿＿＿
2, 哪个、学生、他、的、是、大学、　＿＿＿＿＿＿＿＿＿＿＿＿＿
3, 大学、多、两万、学生、我们、有、　＿＿＿＿＿＿＿＿＿＿＿＿
4, 大、大、校园、你们、不、　＿＿＿＿＿＿＿＿＿＿＿＿＿＿＿＿
5, 大学、学生、的、我、是、上海、　＿＿＿＿＿＿＿＿＿＿＿＿＿

三、次の日本語を中国語に訳しなさい。

1, 君は何年生ですか。
＿＿＿＿＿＿＿＿＿＿＿＿＿＿＿＿＿＿＿＿＿＿＿＿
2, 今日は土曜日ではありません。金曜日です。
＿＿＿＿＿＿＿＿＿＿＿＿＿＿＿＿＿＿＿＿＿＿＿＿
3, このケーキはいくらですか。
＿＿＿＿＿＿＿＿＿＿＿＿＿＿＿＿＿＿＿＿＿＿＿＿
4, 君たちはみな大学生ですか。
＿＿＿＿＿＿＿＿＿＿＿＿＿＿＿＿＿＿＿＿＿＿＿＿
5, 大阪には三百万あまりの人口があります。
＿＿＿＿＿＿＿＿＿＿＿＿＿＿＿＿＿＿＿＿＿＿＿＿

四、次のピンイン文を読んで答えを漢字で書きなさい。

1, Nǐ jiā yǒu jǐ kǒu rén?　　　答:＿＿＿＿＿＿＿＿＿＿＿＿＿＿
2, Míngmíng jǐ niánjí?　　　　答:＿＿＿＿＿＿＿＿＿＿＿＿＿＿
3, Nǐmen xiàoyuán piàoliang ma?　答:＿＿＿＿＿＿＿＿＿＿＿＿
4, Jīntiān xīngqī jǐ?　　　　　答:＿＿＿＿＿＿＿＿＿＿＿＿＿＿
5, Nǐmen měitiān dōu yǒu kè ma?　答:＿＿＿＿＿＿＿＿＿＿＿＿

CD51

五、発音を聞いて＿＿に漢字を書きましょう。

1、你们大学有＿＿＿＿学生?　　2、他们每天＿＿＿＿有课吗?
3、你＿＿＿＿年级?　　　　　　4、我是上海＿＿＿＿的学生?
5、你们大学＿＿＿不＿＿＿?　　6、我学＿＿＿＿＿＿。

＿＿月 ＿＿日＿＿限　学籍番号＿＿＿＿＿＿　氏名＿＿＿＿＿＿＿＿＿＿

第六课　生　日
Dì liù kè　shēng rì

CD52
■ 課文

今天 五月 五号，是 我 十八 岁 的 生日。爸爸 和 妈妈 不仅
Jīntiān wǔ yuè wǔ hào, shì wǒ shíbā suì de shēngrì. Bàba hé māma bù jǐn

给 我 买了 生日 蛋糕，还 做了 很多 好吃 的 菜。 我的 表姐 给我
gěi wǒ mǎile shēngrì dàngāo, hái zuòle hěnduō hǎochī de cài. Wǒ de biǎojiě gěi wǒ

寄了 一 张 生日 贺卡， 祝 我 生日 快乐。
jìle yì zhāng shēngrì hèkǎ, zhù wǒ shēngrì kuàile.

CD53
単語　[　]にピンインを書き入れましょう。

五月 [　]	名	五月	寄 [　]	動	郵送する
五号 [　]	名	五日	菜 [　]	名	料理
岁　[　]	名	年、才	贺卡[　]	名	祝いのカード
生日[　]	名	誕生日	表姐[　]	名	いとこ
买　[　]	動	買う	比　[　]	介	～より
不仅[　]	接	～だけではなく	送　[　]	動	送る
给　[　]	介	に～あげる、	张　[　]	量	枚
还　[　]	副	また	祝　[　]	動	祝う
小　[　]	形	小さい	快乐[　]	形	楽しい
很多[　]	形	たくさん	年纪[　]	名	年齢
好吃[　]	形	美味しい	多大[　]	疑	どれぐらい

****

ミニ知識　中国の四大発明
　製紙、羅針盤、印刷技術と火薬のことをさします。紙は後漢時代の蔡倫によって発明されたといわれています。羅針盤は古代の指南車から生まれてきたものです。そして唐の時代に**木版印刷**と**火薬**が発明されました。なんと火薬は、戦国時代末から盛んになった不老長寿の薬の研究と関わりがあるといわれています。

会話

小林： 今天（是）几月几号？
　　　Jīntiān (shì) jǐ yuè jǐ hào?

明明： 五月五号。
　　　Wǔ yuè wǔ hào.

小林： 今天是你的生日吗？
　　　Jīntiān shì nǐ de shēngrì ma?

明明： 今天不是我的生日。
　　　Jīntiān bú shì wǒ de shēngrì.

小林： 你多大了？
　　　Nǐ duō dà le?

明明： 十八岁了。
　　　Shíbā suì le.

小林： 你爸爸多大年纪了？
　　　Nǐ bàba duō dà niánjì le?

明明： 快五十了。
　　　Kuài wǔshí le.

小林： 你妈妈呢？
　　　Nǐ māma ne?

明明： 比我爸爸小三岁。
　　　Bǐ wǒ bàba xiǎo sān suì.

なぞなぞ 次の中国語は日本メーカの中国語名です。それぞれどのメーカでしょう。
①夏普(Xiàpǔ)　　　　　　②索尼(Suǒní)
③佳能(Jiānéng)　　　　　④马自达(Mǎzìdá)

第六课　生　日

***

CD53

漢詩　　　　春　晓(chūn xiǎo)　　　　　孟　浩然(mèng hàorán)

（訓読文）

春 眠 不 觉 晓，　　　　　　春眠　暁を覚えず
Chūn mián bù jué xiǎo,

处 处 闻 啼 鸟，　　　　　　処処　啼鳥を聞く
Chù chù wén tí niǎo,

夜 来 风 雨 声，　　　　　　夜来　風雨の声
Yè lái fēng yǔ shēng,

花 落 知 多 少？　　　　　　花落つることを知らず多少ぞ
Hāu luò zhī duō shǎo?

（現代語訳文）　春の眠りの心地よさに　夜の明けるのにも気がつかずにうとうとしていると
あちこちに鳥の鳴き声が聞こえる
昨夜は雨風の音がしていたけれど
花はどれほど散ったのだろう

***

語　法

一　月日の言い方

一月	二月	三月	四月	五月	……	十一月	十二月
yīyuè	èryuè	sānyuè	sìyuè	wǔyuè	……	shíyīyuè	shíèryuè

一号	二号	六号	十号	十三号	二十号	三十号	三十一号
yī hào	èr hào	liù hào	shí hào	shísān hào	èrshí hào	sānshí hào	sānshíyī hào

応用例：

〈1〉A：今天(是)几月几号？　　B：今天(是)六月十五号。
　　　A: Jīntiān (shì) jǐ yuè jǐ hào?　　B: Jīntiān (shì) liù yuè shíwǔ hào.

練習　　日本語を中国語に訳しなさい。

(1) 今日は何月何日ですか。　＿＿＿＿＿＿＿＿＿＿＿＿＿＿＿
(2) 明日は三月五日ですか。　＿＿＿＿＿＿＿＿＿＿＿＿＿＿＿
(3) 昨日は三月三日でした。　＿＿＿＿＿＿＿＿＿＿＿＿＿＿＿
(4) 今日は三月三日ではない。＿＿＿＿＿＿＿＿＿＿＿＿＿＿＿

二　年齢の言い方と聞き方

〈1〉A：你（今年）多大了？　　B：我二十了。
　　　A: Nǐ (jīnnián) duō dà le?　　B: Wǒ èrshí le.

〈2〉A：您多大年纪了？　　　　B：我七十岁了。
　　　A: Nín duō dà niánjì le?　　B: Wǒ qīshísuì le.

〈3〉A：小朋友，你几岁了？　　B：我八岁了。
　　　A: Xiǎopéngyǒu, nǐ jǐ suì le?　　B: Wǒ bāsuì le.

年の数え方

一岁	两岁	四岁	五岁	十岁	二十岁	二十一岁	三十岁	六十岁
yīsuì	liǎngsuì	sìsuì	wǔsuì	shísuì	èrshísuì	èrshíyīsuì	sānshísuì	liùshísuì

三　比較を表す「比 bǐ」

メモ：

<1> 这个比那个贵。
　　Zhège bǐ nàge guì.

<2> 那个比这个便宜吗？
　　Nàge bǐ zhège piányi ma?

<3> 那个没有这个便宜。
　　Nàge méiyǒu zhège piányi.

<4> 我妈妈比我爸爸小三岁。
　　Wǒ māma bǐ wǒ bàba xiǎo sānsuì.

練習　日本語を中国語に訳しなさい。

(1) 私は彼より背が高い。

(2) この服はあれより高いですか。

(3) 母は父ほど年とっていません。

(4) これはあれより三ドル高い。

四　祝い・祈るを表す「祝 zhù」

メモ：

<1> 祝你一路平安。
　　Zhù nǐ yílù píng'ān.

<2> 妈妈祝我生日快乐。
　　Māma zhù wǒ shēngrì kuàilè.

練習　日本語を中国語に訳しなさい。

(1) 道中ご無事で＿＿＿＿＿＿＿＿

(2) ご健康を祈ります。＿＿＿＿＿＿＿＿

(3) ご成功を祈る＿＿＿＿＿＿＿＿

(4) ゴッドラック　＿＿＿＿＿＿＿＿

五　時刻の言い方

02:00　两点钟(liǎngdiǎn zhōng)　　02:03　两点零(líng)三分(fēn)
02:10　两点十分　　　　　　　　　02:15　两点一刻(kè)　两点十五分
02:30　两点半(bàn)　两点三十分　　02:45　两点三刻　　两点四十五分
02:54　差(chà)六分三点

応用例　A：现在几点？　　B：现在两点三刻。
　　　　A:Xiànzài jǐ diǎn?　B:Xiànzài liǎngdiǎn sānkè.

練習　日本語を中国語に訳しなさい。

(1)　03:09　　(2)　12:15　　(3)　10:55　　(4)　02:30

第六课　　生　日

新出語句

① 号　　　hào　　　　　　（名）日
② 小朋友　Xiǎopéngyǒu　　（名）子供
③ 衣服　　yīfu　　　　　　（名）服
⑤ 美元　　měiyuán　　　　（名）米ドル
⑥ 一路平安 yílù píng'ān　　道中ご無事
⑦ 点　　　diǎn　　　　　　（量）時
⑧ 钟　　　zhōng　　　　　（名）鐘
⑨ 零　　　líng　　　　　　（数）零
⑩ 分　　　fēn　　　　　　（量）分
⑪ 半　　　bàn　　　　　　（数）半・30分
⑫ 刻　　　kè　　　　　　　（数）15分
⑬ 差　　　chà　　　　　　（動）足りない
⑭ 现在　　Xiànzài　　　　（名）今
⑮ 高　　　gāo　　　　　　（形）背が高い
⑯ 身体　　shēntǐ　　　　　（名）体
⑰ 健康　　jiànkāng　　　　（形）健康
⑱ 成功　　chénggōng　　　（名）成功
⑲ 好运　　hǎoyùn　　　　（名）ゴッドラック

上海豫園

《明明塾中国語》 第六課 基本練習

一、( )に適当な語を入れなさい。

1,我妈妈(　　　)我爸爸小三岁。　　2,(　　　)你生日快乐。
3,我(　　　)姐姐寄了一(　　　)生日贺卡。　4,你今年(　　　)了？
5,那个(　　　)这个便宜。　　6,我爸爸(　　　)五十了。

二、正しい文に並べ替えなさい。

1,今天、的、我妈妈、生日、不是、　　＿＿＿＿＿＿＿＿＿＿＿＿＿＿
2,几、几、月、号、是、明天、　　＿＿＿＿＿＿＿＿＿＿＿＿＿＿
3,今天、生日、我、十八、的、岁、是、　＿＿＿＿＿＿＿＿＿＿＿＿＿＿
4,爸爸、很多、做了、给、好吃的、我、菜、＿＿＿＿＿＿＿＿＿＿＿＿＿＿
5,多大、爸爸、年纪、你、了、　　＿＿＿＿＿＿＿＿＿＿＿＿＿＿

三、次の日本語を中国語に訳しなさい。

1,今日は彼の誕生日ではありません。＿＿＿＿＿＿＿＿＿＿＿＿＿＿

2,君は私より三つ年下です。　　＿＿＿＿＿＿＿＿＿＿＿＿＿＿

3,おいくつですか。　　＿＿＿＿＿＿＿＿＿＿＿＿＿＿

4,グッドラック。　　＿＿＿＿＿＿＿＿＿＿＿＿＿＿

5,もうすぐ五十になります。　＿＿＿＿＿＿＿＿＿＿＿＿＿＿

四、次のピンイン文を読んで答えを漢字で書きなさい。

1, Jīntiān jǐ yuè jǐ hào?　　答：＿＿＿＿＿＿＿＿＿＿＿＿＿＿
2, Nǐ duō dà le?　　答：＿＿＿＿＿＿＿＿＿＿＿＿＿＿
3, Nǐ māma bǐ nǐ bàba xiǎo jǐ suì?　答：＿＿＿＿＿＿＿＿＿＿＿＿＿＿
4, Nǐ bàba duō dà niánjì le?　答：＿＿＿＿＿＿＿＿＿＿＿＿＿＿

CD56
五、発音を聞いて「＿」に漢字を書きましょう。

(1) 今天是＿＿月＿＿号。　　(2) 我妈妈＿＿＿我爸爸＿＿＿三岁。
(3) 他＿＿＿二十岁了。　　(4) A:你＿＿＿了？　B:十八岁了。
(5) 今天是你的＿＿＿＿吗？　(6) 你爸爸＿＿＿＿＿＿了？
(7) 祝你＿＿＿＿＿＿＿＿。　(8) A:小朋友，你＿＿＿岁了？　B:我八岁了。

＿＿＿月 ＿＿＿日＿＿＿限　学籍番号＿＿＿＿＿＿　氏名＿＿＿＿＿＿＿＿＿＿

第七课　　喜欢 旅游
dì qī kè　　Xǐhuan lǚyóu

CD57

■ 課文

我 喜欢 旅游。我 小时候 跟 父母 一起 去，现在 和 朋友 一起 去。
Wǒ xǐhuan lǚyóu. Wǒ xiǎoshíhou gēn fùmǔ yìqǐ qù, Xiànzài hé péngyou yì qǐ qù.

我 去过 很多 地方。除了 历史 悠久 的 西安，风景 如画 的 桂林 以外，
Wǒ qùguo hěnduō dìfang. Chúle lìshǐ yōujiǔ de Xī'ān, fēngjǐng rúhuà de Guìlín yǐwài,

还 去过 海南岛 和 哈尔滨。
hái qùguo Hǎinándǎo hé Hā'ěrbīn.

CD58

単語　[　]にピンインを書き入れましょう。

喜欢 [　]	動	好きだ	除了 [　]	介	〜を除いて〜
旅游 [　]	動	観光する	小时候 [　]	名	幼いころ
去 [　]	動	行く	父母 [　]	名	両親
现在 [　]	名	現在　今	桂林 [　]	地	桂林
过 [　]	助	〜ことがある	泰山 [　]	地	泰山
历史悠久 [　]	慣	歴史が長い	风景如画 [　]	慣	景色が絵のようだ。
跟 [　]	介	と	以外 [　]	名	以外
朋友 [　]	名	友達	海南岛 [　]	地	島の名前
想 [　]	助動	〜したい	哈尔滨 [　]	地	ハルビン市
打算 [　]	助動	つもり	黄山 [　]	地	黄山
西安 [　]	地	西安	西藏 [　]	地	チベット
什么时候 [　]	疑	いつ	哪些 [　]	疑	どういった
如 [　]	接	例えば	地方 [　]	名	場所　所

****

ミニ知識　故宫

北京の故宫は明、清という王朝の皇居で、1420年に立てられました。かつて24人の皇帝がここで生活をしていました。故宫には九千九百九十九の部屋があり、中国でもっとも大きな古代建築群です。ここには105万個の珍奇な宝物があり、その一部が展示されています。

CD59
会話

小林： 你 喜欢 什么？
Xiǎolín: Nǐ xǐhuan shénme?

明明： 我 喜欢 旅游。
Míngmíng: Wǒ xǐhuan lǚyóu.

小林： 你 去过 哪些 地方？
Nǐ qùguo nǎxiē dìfang?

明明： 我 去过 西安 和 桂林。
Wǒ qùguo Xī'ān hé Guìlín.

小林： 你 是 什么 时候 去 的？
Nǐ shì shénme shíhou qù de?

明明： 我 是 前年 去 的。
Wǒ shì qiánnián qù de.

小林： 你 还 想 去 哪些 地方？
Nǐ hái xiǎng qù nǎxiē dìfang?

明明： 很 多，如 泰山、黄山 和 西藏。
Hěn duō, rú Tàishān、Huángshān hé Xīzàng.

小林： 你 打算 什么 时候 去？
Nǐ dǎsuàn shénme shíhou qù?

明明： 我 今年 要 去 黄山，打算 明年 去 西藏。
Wǒ jīnnián yào qù Huángshān, dǎsuàn míngnián qù Xīzàng.

挨拶語3

11、请您说慢点儿。　Qǐng nín shuō màn diǎnr.　ゆっくり話してください。
12、请回答。　Qǐng huídá.　答えてください。
13、请写在黑板上。　Qǐng xiě zài hēibǎn shang.　黒板に書いてください。
14、请问一下。　Qǐng wèn yíxià.　ちょっとお尋ねします。
15、厕所在哪里？　Cèsuǒ zài nǎli?　トイレは何処ですか。

****

なぞなぞ　中国のポストは何色でしょう？

①赤　　　　　②白　　　　　③黄色　　　　　④緑色

第七课　喜欢 旅游

桂　林

語　法

一　「願望」の「喜欢 xǐhuan、想 xiǎng、要 yào、打算 dǎsuàn」

メモ:

（一）喜欢+動名詞

　　〈1〉A:你喜欢旅游吗？　　　B:我（很）喜欢。／ 我不太喜欢。
　　　　A: Nǐ xǐhuǎn lǚyóu ma?　　B: Wǒ (hěn) xǐhuan. ／ Wǒ bú tài xǐhuan.

　　〈2〉A:你喜欢吃什么？　　　B:我喜欢吃蛋糕。
　　　　A: Nǐ xǐhuan chī shénme?　B: Wǒ xǐhuan chī dàngāo.

練習　日本語を中国語に訳しなさい。

(1) どんな料理がお好きですか。 _____

(2) 私はショッピングがあまり好きではない。 _____

（二）想+動名詞

　　〈3〉我想去中国留学。　　　　〈4〉你想吃小笼包子吗？
　　　　Wǒ xiǎng qù Zhōngguó liúxué.　　Nǐ xiǎng chī xiǎolóngbāozi ma?

39

|練習| 日本語を中国語に訳しなさい。

(1) 私は食べたくありません。 _____

(2) 彼は非常に行きたいです。 _____

(3) 君は何が買いたいですか。 _____

(三) 要+動名詞

　　　<5>我要去中国留学。　　　　　<6>他不想学汉语。
　　　　Wǒ yào qù Zhōngguó liúxué.　　　Tā bù xiǎng xué Hànyǔ.

|練習| 日本語を中国語に訳しなさい。　　ピンイン　　　　漢字

(1) 今彼は公園に行こうとします。 _____ _____

(2) 彼女は授業に行きたくありません。 _____ _____

(四) 打算+動名詞

　　　<7>我打算去中国留学。　　　　<8>我打算明年去西藏。
　　　　Wǒ dǎsuàn qù Zhōngguó liúxué.　　Wǒ dǎsuàn míngnián qù Xīzàng.

|練習| 日本語を中国語に訳しなさい。

(1) 私は明日中国語を勉強するつもりです。 _____

(2) 彼は辞書を買うつもりはありません。 _____

|注意| ①「要」の否定形として「不想」○、「不要」×
　　　②「很想」○、「很要」×

二 強調を表す「是 shì～的 de」
メモ：

　　　<1>你是什么时候去的桂林?　　　<2>我是和父母一起去的。
　　　　Nǐ shì shénme shíhou qù de Guìlíng?　Wǒ shì hé fùmǔ yìqǐ qù de.

　　　<3>我是从日本来的。　　　　　<4>你是怎么学的汉语?
　　　　Wǒ shì cóng Rìběn lái de.　　　Nǐ shì zěnme xué de Hànyǔ?

|練習| 日本語を中国語に訳しなさい。

(1) あなたはどこでこの本を買いましたか。 _____

(2) 私は今日電車で大学に来ました。 _____

(3) 私は昨日帰ったのではありません。 _____

第七课　喜欢 旅游

三　経験を表す 「过 guo」

メモ：

<1>我去过中国。
　　Wǒ qùguo Zhōngguó.

<2>我没有去过美国。
　　Wǒ méiyǒu qùguo Měiguó.

練習　日本語を中国語に訳しなさい。

(1) 私はこの映画を見たことがあります。＿＿＿＿＿＿＿＿＿＿＿＿＿＿＿＿＿＿

(2) 彼は寿司を食べたことがありません。＿＿＿＿＿＿＿＿＿＿＿＿＿＿＿＿＿＿

新出語句

① 要　yào　（助動）しようとする、したい、必要、
② 买东西 mǎi dōngxi (動) ショッピング
③ 小笼包子 xiǎolóngbāozi(名) ショーロンポー
④ 非常 fēicháng（形）非常に
⑤ 明年 míngnián（名）来年
⑥ 怎么 zěnme　（代）どう
⑦ 坐　zuò　（動）乗る ～で
⑧ 电车 diànchē（名）電車
⑨ 电影 diànyǐng（名）映画
⑩ 寿司 shòusī　（名）寿司
⑪ 上课 shàng kè(動) 授業に出る、授業を受ける

中国では、祝日に爆竹を鳴らすと邪気を追い払うことが出来ると信じられています。籠に魚が盛られているのは経済的な余裕があるという意味でしょう。中国語の「魚」の発音は余裕の「余」と同じからです。

《明明塾中国語》　第七課　基本練習

一、(　)に適当な語を入れなさい。

1, 我(　　　　)朋友一起旅游。　　2, 我去(　　　　)海南島。
3, 我是去年去(　　　　)中国。　　4, 我(　　　)想(　　　　)中国旅游。
5, 我是(　　　　)日本来(　　　　)。

二、動詞フレーズをつくりなさい。

1, 寄 ＿＿＿＿＿　　2, 做 ＿＿＿＿＿　　3, 买 ＿＿＿＿＿
4, 祝 ＿＿＿＿＿　　5, 逛 ＿＿＿＿＿　　6, 去 ＿＿＿＿＿（動詞）
7, 吃 ＿＿＿＿＿　　8, 去 ＿＿＿＿＿（名詞）　9, 喝 ＿＿＿＿＿

三、正しい文に並べ替えなさい。

1, 我、中国、明年、留学、去、打算、＿＿＿＿＿＿＿＿＿＿＿＿＿＿＿＿

2, 他、很、小笼包、喜欢、吃、　　＿＿＿＿＿＿＿＿＿＿＿＿＿＿＿＿

3, 你、打算、什么时候、中国、去、＿＿＿＿＿＿＿＿＿＿＿＿＿＿＿＿

4, 他、过、美国、去、吗、　　　　＿＿＿＿＿＿＿＿＿＿＿＿＿＿＿＿

5, 你、想、什么、还、吃、　　　　＿＿＿＿＿＿＿＿＿＿＿＿＿＿＿＿

四、次の日本語を中国語に訳しなさい。

1, 私は旅行に行くのがあまり好きではない。

2, 君はどこから来ましたか。

3, 私は中国とイギリスに行ったことがあります。

4, 彼はまたショーロンポーを食べたいです。

5, 来年私は中国留学に行くつもりです。

CD60
3、発音を聞いて＿＿に漢字を書きましょう。

(1) 我去＿＿＿＿西安＿＿＿＿桂林等。　(2) 我去过＿＿＿＿＿＿地方。
(3) 我＿＿＿去中国＿＿＿＿。　　　　　(4) 我＿＿＿＿去＿＿＿＿留学。
(5) 我是＿＿＿＿＿去的桂林。　　　　　(6) 我＿＿＿＿过中国。
(7) 我是＿＿＿＿＿日本来的。　　　　　(8) 我喜欢＿＿＿＿＿＿。

　　＿＿月 ＿＿日＿＿限　学籍番号＿＿＿＿＿＿　氏名＿＿＿＿＿＿＿＿＿＿

第八课　我的一天
Dì bā kè　Wǒ de yìtiān

CD61,2

■ **课文**

我 每天 早上 六 点 半 起床。先 去 操场 做 早 锻炼，然后 吃
Wǒ měitiān zǎoshang liù diǎn bàn qǐ chuáng. Xiān qù cāochǎng zuò zǎo duànliàn, ránhòu chī

早饭。八 点 半 到 十一 点 三 刻 上 课。午饭 后 睡 一个 小时 午觉。
zǎofàn. Bā diǎn bàn dào shíyī diǎn sān kè shàng kè. Wǔfàn hòu shuì yíge xiǎoshí wǔjiào.

下午 有 两 节 课，课 后 做 课外 活动。晚上 去 图书馆 自习。十 点
Xiàwǔ yǒu liǎng jié kè, kè hòu zuò kèwài huódòng. Wǎn Shàng qù túshūguǎn zìxí. Shí diǎn

钟 回 宿舍 就寝。
zhōng huí sùshè jiùqǐn.

CD 单语　[　]にピンインを書き入れましょう。

早上[　]	名 朝	图书馆[　]	名 図書館
宿舍[　]	名 寮	睡　[　]	動 寝る
起床[　]	動 起きる	早锻炼[　]	名 朝のトレーニング
自习[　]	動 自習する	小时　[　]	名 ～時間
先　[　]	副 先に、まず	午觉　[　]	名 昼寝
然后[　]	接 それから、その後	节　[　]	名 時限
操场[　]	名 運動場	回　[　]	動 帰る
空(儿)[　]	名 暇	会　[　]	助動 できる
早饭[　]	名 朝ごはん	下　[　]	動（将棋を）指す
就寝[　]	動 就寝する	象棋　[　]	名 中国将棋
到　[　]	介 ～まで	能　[　]	助動 できる、可能
差　[　]	形 足りない	教　[　]	動 教える
后　[　]	接 ～（の）後	不行　[　]	形 だめだ
上课[　]	動 授業に出る	课外活动[　]	名 課外活動
午饭[　]	名 昼ごはん		

****

ミニ知識　　中国の山
　中国の山といえば、**五岳**というものがあります。それは東岳泰山、西岳華山、南岳衡山、北岳恒山と中岳嵩山です。ほかには景色の美しい**黄山**と仏教の聖地といわれる峨嵋山があります。そしてチベットに世界の最高峰の**ヒマラヤ**山脈があります。

CD64
会話

小林: 你 早上 几 点 钟 起 床？
Xiǎolín: Nǐ zǎoshang jǐ diǎn zhōng qǐ chuáng?

明明: 六 点 半。
Míngming: Liù diǎn bàn.

小林: 你们 上午 从 几 点 到 几 点 上 课？
　　　Nǐmen shàngwǔ cóng jǐ diǎn dào jǐ diǎn shàng kè?

明明: 八 点 半 到 十一 点 三刻。
　　　Bā diǎn bàn dào shíyī diǎn sān kè.

小林: 下午 有 几 节 课？
　　　Xiàwǔ yǒu jǐ jié kè?

明明: 两 节。
　　　Liǎng jié.

小林: 晚上 做 什么？
　　　Wǎnshang zuò shénme?

明明: 去 图书馆 自习。
　　　Qù túshūguǎn zìxí.

小林: 明明，你 会 下 象棋 吗？
　　　Míngming nǐ huì xià xiàngqí ma?

明明: 我 会 下。
　　　Wǒ huì xià.

小林: 那 你 能 教 我 下 吗？
　　　Nà nǐ néng jiāo wǒ xià ma?

明明: 不 行，今天 我 没 空儿。
　　　Bù xíng, jīntiān wǒ méi kòngr.

挨拶語 4

16, 见到你很高兴。　　Jiàndào nǐ hěn gāoxìng.　　会えて嬉しく思います。
17, 请不要客气。　　　Qǐng bú yào kèqi.　　　　遠慮しないでください。
18, 给你添麻烦了。　　Gěi nǐ tiān máfan le.　　ご迷惑をおかけします。
19, 请替我向老师问好。　Qǐng tì wǒ xiàng lǎoshī wènhǎo　私にかわって先生によろしく。

第八课　我的一天

語　法

一　「可能」などの　「会 huì、能 néng、可以 kěyǐ」

メモ：

<1>你会讲中文吗?
　　Nǐ huì jiǎng Zhōngwén ma?

<2>明明不会下象棋。
　　Míngmíng bú huì xià xiàngqí.

<3>我学了三年中文,已经能看中文小说了。
　　Wǒ xuéle sānnián Zhōngwén, yǐjīng néng kàn Zhōngwén xiǎoshuō le.

<4>今天没时间，不能教你。
　　Jīntiān méi shíjiān, bù néng jiāo nǐ.

<5>A:这里可以游泳吗?　　B:这里危险,不可以游泳。
　　A:Zhèli kěyǐ yóu yǒng ma?　　B:Zhèli wēixiǎn, bù kěyǐ yóu yǒng.

練習　日本語を中国語に訳しなさい。

(1)　彼は車の運転ができません。　_____

(2)　私は一万メートル泳げます。　_____

(3)　教室で煙草を吸ってはダメです。　_____

(4)　風邪をひいたから学校に行けません。　_____

(5)　あなたは明日来られますか。　_____

二　「～から～まで」の「从 cóng」「到 dào」

メモ：

<1>我们从八点到十一点上课。　　　<2>从这里到那里不远。
　　Wǒmen cóng bā diǎn dào shíyī diǎn shàng kè．　　Cóng zhèli dào nàli bù yuǎn．

練習　日本語を中国語に訳しなさい。

(1)　北京から東京までは何キロありますか。　_____

(2)　ここから出発します。　_____

(3)　この授業は午後2時まで行われます。　_____

(4)　1時から5時まで勉強します。　_____

三　時間修飾語の使い方

メモ：

<1>妈妈下午三点去医院。　　　<2>我们每天都有课。
　　Māma xiàwǔ sān diǎn qù yīyuàn．　　Wǒmen měitiān dōu yǒu kè．

<3>他们来了一个月。　　　<4>我看了一个小时书。
　　Tāmen láile yíge yuè．　　Wǒ kànle yíge xiǎoshí shū．

練習　日本語を中国語に訳しなさい。

(1)　彼女は来月北京に行きます。　_____

(2)　あなたは今日何をするつもりですか。　_____

(3)　先週私が学校に行きませんでした。　_____

(4)　私は中国語を二年間勉強しました。　_____

(5)　去年二か月アメリカに留学しました。　_____

第八课　　我 的 一天

新出語句

① 可以 kěyǐ　　（助動）できる、してもよい
② 讲 jiǎng　　（動）言う
③ 已经 yǐjīng　　（副）すでに、もう
④ 小说 xiǎoshuō　（名）小説
⑤ 时间 shíjiān　　（名）時間、とき、暇
⑥ 游泳 yóu yǒng　（名）水泳
⑦ 危险 wēixiǎn　　（形）危険
⑧ 不可以 bù kěyǐ　（動）いけない
⑨ 开车 kāi chē　　（動）車を運転する
⑩ 米 mǐ　　（量）メートル
⑪ 烟 yān　　（名）煙草
⑫ 吸 xī　　（動）吸
⑬ 感冒 gǎnmào　（名）風邪
⑭ 从 cóng　　（介）〜から
⑮ 到 dào　　（動）〜まで
⑯ 东京 dōngjīng　（名）東京
⑰ 公里 gōnglǐ　　（量）キロメートル
⑱ 医院 yīyuàn　　（名）病院
⑲ 干 gàn　　（動）する
⑳ 学习 xuéxí　　（動）勉強する

時間詞 一覧表

時間名詞 1	（動詞の前）	時間量詞	（動詞の後ろ）
一点　1時　yìdiǎn	一分　1分　yìfēn	一个小时　1時間　yígexiǎoshí	一分钟　1分間　yìfēnzhōng
一号　1日　yīhào	二号　2日　èrhào	一天　1日間　yìtiān	两天　2日間　liǎngtiān
星期一　月曜日　xīngqīyī	星期天　日曜日　xīngqītiān	一个星期　1週間　yígexīngqī	两个星期　2週間　liǎnggexīngqī
一月　1月　yīyuè	二月　2月　èryuè	一个月　1ヶ月　yígeyuè	两个月　2ヶ月　liǎnggeyuè
二〇〇五年　2005年　èrlínglíngwǔnián		一年　1年間　yìnián	两年　2年間　liǎngnián

時間名詞 2

上个星期　先週　shànggexīngqī	这个星期　今週　zhègexīngqī	下个星期　来週　xiàgexīngqī
上个月　先月　shànggeyuè	这个月　今月　zhègeyuè	下个月　来月　xiàgeyuè

前年　一昨年　qiánnián	去年　昨年　qùnián	今年　今年　jīnnián	明年　来年　míngnián	后年　再来年　hòunián
前天　一昨日　qiántiān	昨天　昨日　zuótiān	今天　今日　jīntiān	明天　明日　míngtiān	后天　あさって　hòutiān
早上　あさ　zǎoshang	上午　午前　shàngwǔ	中午　昼　zhōngwǔ	下午　午後　xiàwǔ	晚上　夜　wǎnshang

狮子滚绣球　災いを払いのけて幸福を祈るという意味が込められています。

《明明塾中国語》　第八課　基本練習

一、次の名詞の前に適当な動詞を入れなさい。

1,_____早锻炼　2,_____课　3,_____午觉　4,_____早饭
5,_____课外活动　6,_____象棋　7,_____空儿　8,_____图书馆
9,_____中文小说　10,_____中文　11,_____什么　12,_____我家

二、正しい文に並べ替えなさい。

1,起床、早上、每天、六点半、我、　_____
2,从、到、几点、几点、上课、你、　_____
3,你、下、教、那、能、吗、我、　_____
4,下午、去、医院、三点、妈妈、　_____
5,已经、了、中文小说、能、我、看、　_____

三、次の日本語を中国語に訳しなさい。

1,私達は毎日授業があります。
　_____

2,ここは危ないです、水泳してはいけません。
　_____

3,いま3時15分です。
　_____

4,午後には授業が2時間あります。
　_____

5,今日は時間がないため、君に教えることができません。
　_____

四、次のピンイン文を読んで答えを漢字で書きなさい。

1, Nǐ jīntiān yǒu jǐ jié kè?　答：_____

2, Míngmíng huì xià xiàngqí ma?　答：_____

3, Nǐ měitiān jǐ diǎn qǐchuáng?　答：_____

4, Nǐ jīntiān shì jǐ diǎn láide dàxué? 答：_____

5, Nǐ míngtiān zuò shénme?　答：_____

CD65

五、発音を聞いて___に漢字を書きましょう。

(1) 我每天 早上_____起床。　(2) ___ 八点半_____十一点三刻。
(3) 去图书馆_____。　(4) 明明你_____下象棋吗?
(5) 下午有_____课,课后_____课外活动。
(6) ___ 去操场做早锻炼,_____吃早饭。

____月 ____日____限 学籍番号_____　氏名_____

48

第九课　中秋佳节
Dì jiǔ kè　　Zhōngqiū jiājié

CD66

■ 課文

每逢 佳节 倍 思 亲。 每年 农历 八月 十五 是 中秋节。中国 人
Měiféng jiājié bèi sī qīn. Měinián nónglì bā yuè shíwǔ shì Zhōngqiūjié. Zhōngguó rén

认为， 这 一 天 的 月亮 最 圆 最 亮， 家家户户 都 要 在 一起 吃 月饼，
rènwéi, zhè yì tiān de yuèliang zuì yuán zuì liàng, jiājiāhùhù dōu yào zài yìqǐ chī yuèbing,

看 月亮。 在 外地 的 人 要 回 家 和 家人 团圆。
kàn yuèliang. Zài wàidì de rén yào huí jiā hé jiā rén tuányuán.

CD67
単語　[　]にピンインを書き入れましょう。

每逢	[　]	動	～たびに	中秋节	[　]	名	中秋節
佳节	[　]	名	節句、	团圆	[　]	動	一家団らんする
倍	[　]	副	すごく、ひときわ	知道	[　]	動	知っている
思亲	[　]	動	親族をしのぶ	被	[　]	介	～に～られる
每年	[　]	名	毎年	把	[　]	介	を
农历	[　]	名	旧暦	为什么	[　]	疑	なぜ
认为	[　]	動	と思う、と認めて	因为	[　]	接	なので
亲人	[　]	名	肉親	请教	[　]	動	教えて貰う、教わる
这一天	[　]	熟	この日	问题	[　]	名	問題
家家户户	[　]	名	各戸、どの家も	看	[　]	動	見る
月饼	[　]	名	月餅	意思	[　]	名	意味
月亮	[　]	名	月	就是说	[　]	熟	それはつまり
最圆	[　]	熟	もっともまるい	会	[　]	助	～はずだ。～するだろう
最亮	[　]	熟	もっとも明るい	加倍	[　]	動	一段と
外地	[　]	名	外地	思念	[　]	動	偲ぶ
杨莲	[　]	人名	楊蓮	家人	[　]	名	家族

****

なぞなぞ　中国の青海チベット鉄道は世界で標高が最も高い高原鉄道です。鉄道が走る標高4000m区間は960kmにも達しています。では、最高点の標高は何メートルでしょうか。

　　①4519m　　　②5072m　　　③4803m　　　④5122m

CD68
会話

小林： 你 知道 杨 莲 在 哪儿 吗？
xiǎolín: Nǐ zhīdào Yáng lián zài nǎr ma?

明明： 她 被 李 老师 叫走 了。
míngmíng: Tā bèi Lǐ lǎoshī jiàozǒu le.

小林： 李 老师 把 她 叫去 做 什么？
Lǐ lǎoshī bǎ tā jiàoqù zuò shénme?

明明： 去 买 月饼。
Qù mǎi yuèbing

小林： 为什么 要 买 月饼？
Wèishénme yào mǎi yuèbing?

明明： 因为 今天 是 中秋节，晚上 要 看 月亮，吃 月饼。
Yīnwèi jīntiān shì Zhōngqiūjié, wǎnshang yào kàn yuèliang, chī yuèbing.

小林： 我 想 请教 你 一 个 问题，可以 吗？
Wǒ xiǎng qǐngjiào nǐ yí ge wèntí, kěyǐ ma?

明明： 当然 可以。什么 问题？
Dāngrán kěyǐ. Shénme wèntí?

小林： "每逢 佳节 倍 思 亲" 是 什么 意思？
"Měiféng jiājié bèi sī qīn" shì shénme yìsi?

明明： 就是 说 到了 节日，人们 会 加倍 思念 自己 的 亲人。
Jiùshì shuō dàole jiérì, rénmen huì jiābèi sīniàn zìjǐ de qīnrén.

挨拶語 5

20、请你等一下。　　Qǐng nǐ děng yíxià.　　ちょっとお待ちください。
21、多少钱？　　　　Duōshao qián?　　　　いくらですか。
22、便宜一点儿吧　　Piányi yìdiǎnr ba.　　ちょっと安くして。

****

なぞなぞ　中国の強いお酒のアルコール度数は最高何度ですか？

①65度　　　　②25度　　　　③30度　　　　④50度

第九课　中秋 佳节

語　法

一　受身を表す 「被 bèi」「叫 jiào」「让 ràng」

メモ：

<1>我的电脑叫弟弟弄坏了。
　　Wǒ de diànnǎo jiào dìdi rònghuài le.

<2>我的词典 没 被他借走。
　　Wǒ de cídiǎn méi bèi tā jièzǒu.

<3>她的车被她弟弟开走了。
　　Tā de chē bèi tā dìdi kāizǒu le.

<4>钱包让 人 偷了。
　　Qiánbāo ràng rén tōu le.

練習　日本語を中国語に訳しなさい。

(1) 彼女の鍵が盗まれました。　　＿＿＿＿＿＿＿＿＿＿＿＿

(2) 私は先生に叱られませんでした。　＿＿＿＿＿＿＿＿＿＿＿＿

(3) 彼女は友達に呼ばれていきました。　＿＿＿＿＿＿＿＿＿＿＿＿

発展
二　「叫」「让」が使役に使う場合

メモ：

<1>老师 让 学生 交 作业。
　　Lǎoshī ràng xuésheng jiāo zuòyè.

<2>公司 让 我 爸爸出差。
　　Gōngsī ràng wǒ bàba chūchāi.

三　処置を表す「把 bǎ」

メモ：

<1>他把可乐喝完了。
　　Tā bǎ kělè hēwán le.

<2>李老师把她叫走了。
　　Lǐ lǎoshī bǎ tā jiàozuò le.

<3>我把作业做完了。
　　Wǒ bǎ zuòyè zuòwán le.

<4>我没把书借给她。
　　Wǒ méi bǎ shū jiègěi tā.

練習　　日本語を中国語に訳しなさい。

(1) あなたはその服をどうしましたか。　_____

(2) 早く宿題をし終えて。　_____

(3) この本を友人に郵便で送ります。　_____

四　必要を表す「要 yào」

メモ：

<1>因为今天是中秋节，晚上要看月亮，吃月饼。
　　Yīnwèi jīntiān shì Zhōngqiūjié, wǎnshang yào kàn yuèliang, chī yuèbing.

<2>明天考试，今天我要复习。
　　Míngtiān kǎoshì, jīntiān wǒ yào fùxí.

<3>今天是星期天，不用去学校。
　　Jīntiān shì xīngqītiān, bú yòng qù xuéxiào.

練習　　日本語を中国語に訳しなさい。

(1) 彼は何も食べたくありません。　_____

(2) 明日から休みなので学校に行かなくていいです。　_____

結果補語動詞一覧表

看懂 kàndǒng	听懂 tīngdǒng	做完 zuòwán	吃完 chīwán	看完 kànwán	学完 xuéwán
読んでわかった	聞いてわかる	し終える	食べ終わる	読み終わる	習い終える
找到 zhǎodào	买到 mǎidào	学到 xuédào	看到 kàndào	开走 kǎizǒu	借走 jièzǒu
見つかる	買い付ける	～まで習う	～まで読む	運転して去る	借りていく
叫走 jiàozǒu	住在 zhùzài	放在 fàngzài	送给 sònggěi	寄给 jìgěi	借给 jiègěi
呼んでいく	～に住む	～に置く	～に送る	～に郵送する	～に貸す

結果補語　動詞の後ろにつけてそれぞれ次のような意味を持つ。

懂：～してわかる。　　　　　　　　完：動作の完了を表わす　　～し終わる。
到：目的達成、動作の到達の終点　　走：元の場所から離れる　　～して去る。
在：ある動作の結果、人や物が一定の場所に存在する、～にとどまる
给：～して～に渡す。

第九课　中秋佳节

新出語句

① 叫　jiào　（介）させる
② 让　ràng　（介）させてくれる
③ 电脑　diànnǎo　（名）パソコン
④ 弄坏　nònghuài　（動）いじって壊す
⑤ 借　jiè　（動）借りる
⑥ 走　zǒu　（動）歩く、行く
⑦ 车　chē　（名）車、自動車
⑧ 开走　kāizǒu　（動）運転して去る
⑨ 钱包　Qiánbāo　（名）財布
⑩ 偷　tōu　（動）盗む
⑪ 钥匙　yàoshi　（名）鍵
⑫ 批评　pīpíng　（動）叱る
⑬ 交　jiāo　（動）提出する
⑭ 作业　zuòyè　（名）宿題
⑮ 出差　chūchāi　（動）出張する
⑯ 可乐　kělè　（名）コカ・コーラ
⑰ 完　wán　（動）終える
⑱ 怎么了　zěnmele　（代）どうしたか
⑲ 快　kuài　（形）早く
⑳ 寄给　jìgěi　（動）郵便で送る
㉑ 考试　kǎoshì　（名）試験、テスト
㉒ 复习　fùxí　（動）復習する
㉓ 不用　bú yòng　（副）する必要がない
㉔ 休息　xiūxi　（動）休み

象驮宝瓶　象の背中に宝の瓶（ツボ）が載せてあります。太平の兆しという寓意が込められています。

《明明塾中国語》　第 九 課　**基本練習**

一、正しい文に並べ替えなさい。
　1,农历、八月十五、每年、中秋节、是、＿＿＿＿＿＿＿＿＿＿＿＿
　2,和、回家、家人团圆、在外地的人、要、＿＿＿＿＿＿＿＿＿＿＿＿
　3,被、了、她、她的、弟弟、车、开走、＿＿＿＿＿＿＿＿＿＿＿＿
　4,一个问题、请教、想、我、可以、吗、你、＿＿＿＿＿＿＿＿＿＿
　5,可乐、喝完、我的、他、把、了、＿＿＿＿＿＿＿＿＿＿＿＿

二、（　）に適当な語を入れなさい。
　1,你的车（　　）谁开走了？
　2,今天星期天、不（　　）去学校。　　3,你（　　）杨莲在哪儿？
　4,李老师（　　）她叫去了。　　5,她（　　）李老师叫走了。

三、次の日本語を中国語に訳しなさい。
　1,君はなぜ今日学校に行きませんか。
　　＿＿＿＿＿＿＿＿＿＿＿＿＿＿＿＿＿＿＿＿＿＿
　2,この日のお月は最も丸くて最も明るいです。
　　＿＿＿＿＿＿＿＿＿＿＿＿＿＿＿＿＿＿＿＿＿＿
　3,小林さんは、明明さんに呼ばれていった。
　　＿＿＿＿＿＿＿＿＿＿＿＿＿＿＿＿＿＿＿＿＿＿
　4,明明さんは、小林の辞書を借りていきました。
　　＿＿＿＿＿＿＿＿＿＿＿＿＿＿＿＿＿＿＿＿＿＿
　5,君に一つ質問してもいいですか。
　　＿＿＿＿＿＿＿＿＿＿＿＿＿＿＿＿＿＿＿＿＿＿

四、動詞フレーズをつくりなさい。
　1,車を運転する　　2,ゲッベイを買う　　3,雨が降る
　4,ゲッベイを食べる　5,コーラを飲む　　6,どこにいる
　7,辞書を借りる　　8,家族を偲ぶ　　　9,学校に行く
　10,お月を見る　　11,家族と団欒する　12,何をする

CD69
3、発音を聞いて＿＿に漢字を書きましょう。
　(1) 因为今天是＿＿＿＿，晚上要＿＿＿＿，＿＿＿＿。
　(2) ＿＿＿＿＿＿＿。什么问题？
　(3) 就是说到了＿＿＿＿，人们会加倍思念自己的＿＿＿＿。
　(4) 她＿＿＿＿李老师叫走了。　(5) ＿＿＿＿＿＿要买月饼？

　　＿＿月　＿＿日＿＿限　学籍番号＿＿＿＿＿　氏名＿＿＿＿＿＿＿＿＿

第十课　　同　学
Dì shí kè　　Tóng xué

■ 課文

杨莲和王友惠不仅是同班同学，还是好朋友。杨莲家离
Yáng lián hé Wáng yǒuhuì bùjǐn shì tóngbān tóngxué, háishi hǎo péngyou. Yáng lián jiā lí

学校比较近，每天早上，王友惠总是先去杨莲家，然后两个人
xuéxiào bǐjiào jìn, měitiān zǎoshang, Wáng yǒuhuì zǒngshì xiān qù Yáng lián jiā, ránhòu liǎng ge rén

一起去学校。王友惠的学习成绩比杨莲好，杨莲学习上有
yìqǐ qù xuéxiào. Wáng yǒuhuì de xuéxí chéngjì bǐ Yáng lián hǎo, Yáng lián xuéxí shang yǒu

问题的时候，常常去请教她。
wèntí de shíhou, chángcháng qù qǐngjiào tā.

単語　[　]にピンインを書き入れましょう。

王友惠 [　]	名	人名	常常 [　]	副	常に
中学 [　]	名	中学校	上 [　]	接	～の上
怎么 [　]	疑	どう	同班同学 [　]	名	クラスメート
时候 [　]	名	時	离 [　]	介	～から
学校 [　]	名	学校	比较 [　]	副	比較的に
近 [　]	形	近い	总是 [　]	副	いつも
成绩 [　]	名	成績	学习 [　]	动	勉強する

****

ミニ知識　中国の家庭

　男女が結婚すると新しい家庭が生まれます。昔は親と一緒に過ごす若者が多かったので、大家族の家庭が多かったのですが、現在の若者は結婚するとたいてい自分の家庭を持ちたいがために親から離れる場合が多いです。その家庭に子供が生まれると、三人家族の家庭（核家族）となります。中国では今でも一人子政策が実行されているのでほとんどがこういう三人家族の家庭です。

会話 CD73

小林： 杨莲是谁的同班同学？
　　　Yáng lián shì shuí de tóngbān tóngxué?

明明： 是王友惠的同班同学。
　　　Shì Wáng yǒuhuì de tóngbān tóngxué.

小林： 谁的家离学校比较近？
　　　Shuí de jiā lí xuéxiào bǐjiào jìn?

明明： 杨莲的家。
　　　Yáng lián de jiā.

小林： 杨莲和王友惠哪个学习成绩好？
　　　Yáng lián hé Wáng yǒuhuì nǎge xuéxí chéngjì hǎo?

明明： 王友惠的学习成绩好。
　　　Wáng yǒuhuì de xuéxí chéngjì hǎo.

小林： 王友惠怎么去学校？
　　　Wáng yǒuhuì zěnme qù xuéxiào?

明明： 先去杨莲的家，然后和杨莲一起去。
　　　Xiān qù Yáng lián de jiā, ránhòu hé Yáng lián yìqǐ qù.

小林： 杨莲学习上有问题的时候去请教谁？
　　　Yáng lián xuéxí shang yǒu wèntí de shíhou qù qǐngjiào shuí?

明明： 王友惠。
　　　Wáng yǒuhuì.

****

なぞなぞ　中国は多民族国家です。漢民族以外に少数民族はどれくらいですか？

　　　①30　　　②60　　　③55　　　④45

第十课　同学

語　法

一　時空間の隔たりの「离 lí」
メモ：

<1>东京离北海道有一千公里。
　　Dōngjīng lí Běihǎidào yǒu yìqiān gōnglǐ.

<2>你家离车站近吗？
　　Nǐ jiā lí chēzhàn hěn jìn ma?

<3>这里离他家不远。
　　Zhèli lí tā jiā bù yuǎn.

<4>现在离放假还有一个月。
　　Xiànzài lí fàngjià háiyǒu yí ge yuè.

練習　日本語を中国語に訳しなさい。

(1) 今から後2時間あります。　　_____

(2) 彼の家はここから遠くありません。　_____

(3) アメリカは日本から遠いですか。　_____

二　順序の「先 xiān ～然后 ránhòu」
メモ：

<1>我先去学校，然后去打工。
　　Wǒ xiān qù xuéxiào, ránhòu qù dǎ gōng.

<2>先去操场做早锻炼，然后吃早饭。
　　Xiān qù cāochǎng zuò zǎoduànliàn, ránhòu chī zǎofàn.

練習　日本語を中国語に訳しなさい。

(1) 先に風呂に入ってそれからご飯を食べます。　_____

(2) まず買い物をしてから映画を見ます。　_____

三　選択を表す「还是」
メモ：

<1>这本书是你的,还是他的？
　　Zhè běn shū shì nǐ de, háishi tā de?

<2>你是喝可乐,还是喝茶？
　　Nǐ shì hē kělè, háishi hē chá?

<3>你是今天休息,还是明天休息？
　　Nǐ shì jīntiān xiūxī, háishi míngtiān xiūxī?

練習　日本語を中国語に訳しなさい。

(1) 君のカバンはこれですかそれともそれですか。　_____

(2) このお菓子は甘いですかそれとも塩辛いですか。　_____

(3) 彼は明日行くかそれとも明後日行きますか。　_____

四 「～時」の 「……的时候 de shíhou」

メモ：

<1> 我们到家的时候已经六点了。
　　Wǒmen dào jiā de shíhou, yǐjīng liùdiǎn le.

<2> 她来的时候，我不在家。
　　Tā lái de shíhou, wǒ bú zài jiā.

練習　日本語を中国語に訳しなさい。

(1) 授業中携帯電話を使うな。　_____

(2) 夕食をするとき弟が帰ってきました。　_____

新出語句

① 北海道　Běihǎidào　（名）北海道
② 放假　　fàngjià　　（動）休みになる
③ 还是　　háishi　　（接）それとも、やはり
④ 先　　　xiān　　　（副）まず
⑤ 然后　　ránhòu　　（接）その後、してから
⑥ 打工　　dǎ gōng　　（動）アルバイトをする、働く
⑦ 洗澡　　xǐzǎo　　（動）風呂に入る
⑧ 点心　　diǎnxin　　（名）お菓子
⑨ 到家　　dào jiā　　（動）家に着く
⑩ 的时候　de shíhou　（名）～時
⑪ 不在　　búzài　　（動）いない
⑫ 晚饭　　wǎnfàn　　（名）夕食

第十课　同学

文法知識

動量詞

次 cì	回	那个电影，我看过一次。	あの映画は、私は一回見たことがある。
遍 biàn	回	那本书，我看了三遍。	あの本、私は三回見ました。
趟 tàng	回	上个星期我去了一趟东京。	先週私は東京に行ってきました。
下 xià	回	我现在去一下。	私はちょっと行ってきます。

量詞

个 gè	個	ひと・もの	一个	人 rén	ひと	苹果 píngguǒ	リンゴ
张 zhāng	枚	平面もの	两张	桌子 zhuōzi	机	报纸 bàozhǐ	新聞紙
把 bǎ	本	手で握るもの	三把	椅子 yǐzi	椅子	伞 sǎn	傘
本 běn	冊	書物	四本	书 shū	本	字典 zìdiǎn	辞書
件 jiàn	着	衣類・こと	五件	衣服 yīfu	服	事 shì	こと
台 tái	台	機械	六台	电视 diànshì	テレビ	机器 jīpì	機器
条 tiáo	本	長いもの	七条	领带 lǐngdài	ネクタイ	道路 dàolù	道
辆 liáng	台	車両	八辆	汽车 qìché	自動車	自行车 zìxíngché	自転車
枝 zhī	本	棒状もの	九枝	铅笔 qiānbǐ	鉛筆	花 huā	花
只 zhī	羽・頭		十只	鸡 jī	ニワトリ	老虎 lǎohǔ	虎
口 kǒu	家族		三口	人 rén	三人家族	几口人 jǐkǒurén	何人家族

一路連科　図案にある鳥は「喜鹊 xǐque」キジャクといいます。このキジャクが見えると良い事があるとみんなが信じています。そしてその他に描かれているのは芦と蓮です。受験の良い知らせが続々と届くという意味があります。

《明明塾中国語》　第十課　基本練習

一、慣用句をつくりなさい。
　　1,どうやって行くか　　2,勉強の上　　　　　3,仲のいい友達
　　_____　　　　　_____　　　　_____
　　4,疑問がある時　　　　5,彼に教えてもらう　　6,二人で一緒に行く
　　_____　　　　　_____　　　　_____
　　7,バイトにいく　　　　8,朝ご飯を食べる　　　9,携帯をかける
　　_____　　　　　_____　　　　_____
　　10,成績が優れる　　　11,家にいない　　　　12,遠くない
　　_____　　　　　_____　　　　_____

二、正しい文に並べ替えなさい。
　　1,哪个、你、他、成绩、和、好、_____
　　2,你、他、的、同班同学、吗、是、_____
　　3,先、然后、吃早饭、去学校、上课、_____
　　4,是、还是、你、去学校、去打工、_____
　　5,学习、好、谁、成绩、的、_____

三、次の日本語を中国語に訳しなさい。
　　1,君は毎日どうやって学校に行くか。
　　　_____
　　2,君はコーラを飲むのが好きですか、それともお茶を飲むのが好きですか。
　　　_____
　　3,君の家は大学から遠いですか。
　　　_____
　　4,私は彼女のクラスメートではありません。
　　　_____
　　5,私達の大学は、君たちの大学から10キロあります。
　　　_____

四、( )に適当な語を入れなさい。
　　1,那本辞典(　　　)他的,(　　　)你的?
　　2,东京(　　　)京都有500公里吗?
　　3,我(　　　)去上课,(　　　)去图书馆自习。
　　4,我(　　　)是他同班同学,(　　　)好朋友。

CD74,5
五、発音を聞いて____に漢字を書きましょう。
　　(1) ____ 去杨莲的家, ____ 和杨莲一起去。
　　(2) 王友惠的学习____ 很好。
　　(3) 杨莲是王友惠的 _____ 同学。
　　(4) 杨莲的家____ 学校 ____ 近。
　　(5) 杨莲学习上有问题的____ 去____王友惠。

____月 ____日____限　学籍番号_____　氏名_____

第十一课　　寒假 计划
Dì shíyī kè　　hánjià jìhuà

CD76
■ 課文

马上 就要 放 寒假 了。 寒假 期间, 我 准备 去 中国 看望 我 的
Mǎshàng jiùyào fàng hánjià le. Hánjià qījiān, wǒ zhǔnbèi qù Zhōngguó kànwàng wǒ de

表弟 田中 太郎。 他 在 上海大学 汉语学院 留学, 已经 去了 一 年 多
biǎodì Tiánzhōng tàiláng. Tā zài Shànghǎi dàxué Hànyǔ xuéyuàn liúxué, yǐjīng qùle yì nián duō

了。 他 常常 给 我 写 信 介绍 上海 的 各种 情况, 并且 希望 我 去
le. Tā chángcháng gěi wǒ xiě xìn jièshào Shànghǎi de gèzhǒng qíngkuàng, bìngqiě xīwàng wǒ qù

上海 看看。
Shànghǎi kànkan.

CD77
単語　[　]にピンインを書き入れましょう。

马上 [　　　]	副 すぐ	情况 [　　　]	名 状況
就要 [　　　]	副 ～もうすぐ～だ	请　[　　　]	動 ～してもらう
放　[　　　]	動 （休み）になる	并且 [　　　]	助 しかも
寒假 [　　　]	名 冬休み	希望 [　　　]	動 希望する
期间 [　　　]	名 期間、間	机会 [　　　]	名 機会
介绍 [　　　]	動 紹介する	多长时间 [　　　]	熟 どれぐらい
准备 [　　　]	動 準備する	快要 [　　　]	副 ～間もなく～だ
看望 [　　　]	動 訪問する、見舞いする	顺便 [　　　]	副 ついでに
表弟 [　　　]	名 いとこ弟	干　[　　　]	動 する
学院 [　　　]	名 カレッジ	联系 [　　　]	動 連絡する
留学 [　　　]	動 留学する	易媒儿 [　　　]	名 Eメール
计划 [　　　]	名 計画	聊　[　　　]	動 雑談する、しゃべる
写信 [　　　]	動 手紙を書く	报告 [　　　]	動 報告する
各种 [　　　]	形 各種	生活 [　　　]	名 暮らし、生活

会 話

明明： 快要 放 寒假 了 吧。
Kuàiyào fàng hánjià le ba.

小林： 对。马上 就要 放 寒假 了。
Duì. mǎshàng jiùyào fàng hánjià le.

明明： 你 寒假 里 有 什么 计划？
Nǐ hánjià li yǒu shénme jìhuà?

小林： 我 准备 去 上海 看看，顺便 去 看望 我 表弟。
Wǒ zhǔnbèi qù Shànghǎi kànkan, shùnbiàn qù kànwàng wǒ biǎodì.

明明： 你 表弟 在 上海 干 什么？
Nǐ biǎodì zài Shànghǎi gàn shénme?

小林： 他 在 上海大学 汉语学院 留学。
Tā zài Shànghǎi dàxué Hànyǔ xuéyuàn liúxué.

明明： 去了 多 长 时间 了？
Qùle duō cháng shíjiān le?

小林： 已经 去了 一 年 多 了。
Yǐjīng qùle yì nián duō le.

明明： 你们 常常 联系 吗？
Nǐmen chángcháng liánxì ma?

小林： 我们 常常 用 易媒儿 联系。
Wǒmen chángcháng yòng yìméir liánxì.

明明： 你们 聊 些 什么？
Nǐmen liǎo xiē shénme?

小林： 他 介绍 上海 的 情况，我 报告 大学 的 生活。
Tā jièshào Shànghǎi de qíngkuàng, wǒ bàogào dàxué de shēnghuó.

****

なぞなぞ　　中国で携帯電話（手機）が急に普及した主な理由は何でしょう？
　①お金持ちっぽくてかっこいいから。
　②家庭電話が設置しにくく、不便だから。
　③交通渋滞が日常茶飯事の都市部で、仕事上不可欠だったから。
　④人口が多すぎて、混線しやすいから。

第十一课　寒假 计划

語　法

一　動詞の重ね方
メモ：

单音節: AA
　　请谈谈感想。
　　Qǐng tántan gǎnxiǎng.
A 一 A
　　让我想一想。
　　Ràng wǒ xiǎng yi xiǎng。

双音節: ABAB
　　研究研究
　　Yánjiūyánjiū
A 一下
　　我们休息一下吧
　　Wǒmen xiūxi yíxià ba.

練習　日本語を中国語に訳しなさい。

(1) 私はちょっと店を見て回りたい。＿＿＿＿＿＿＿＿＿＿＿＿＿＿＿＿

(2) このパソコンを遊んでみます。　＿＿＿＿＿＿＿＿＿＿＿＿＿＿＿＿

二　もうすぐ～だ。「(就) 要～了」「(快) 要～了」
メモ：

<1>快要到中秋节了。
　　Kuàiyào dào Zhōngqiūjié le.

<2>快要五十岁了。
　　Kuàiyào wǔshí suì le.

<3>马上就要放假了。
　　Mǎshàng jiùyào fàng jià le.

<4>春天就要来了。
　　Chūntiān jiùyào lái le.

| 練習 | 日本語を中国語に訳しなさい。

(1) もうすぐお正月です。　_____

(2) 明日もう帰国です。　_____

(3) もうすぐ駅です。　_____

三　動作場所の「在 zài」と手段の「用 yòng」

メモ：

<1>我在上海留学。　　　　　　　<2>他在图书馆自习。
　　Wǒ zài Shànghǎi liúxué.　　　　　　Tā zài túshūguǎn zìxí.

<3>用易媒儿联系。　　　　　　　<4>用铅笔写字。
　　Yòng yìméir liánxì.　　　　　　　　Yòng qiānbǐ xiězì.

| 練習 | 日本語を中国語に訳しなさい。

(1) 西洋人はお箸で食事しません。　_____

(2) 中国語でおしゃべりします。　_____

(3) 入り口で待ちます。　_____

(4) 図書館で資料を調べまあす。　_____

四　完了の「了＋時間詞＋了」

メモ：

<1>我学了一年汉语了。　　　　　<2>她来了三个月了。
　　Wǒ xuéle yìnián Hànyǔ le.　　　　　Tā láile sān ge yuè le.

<3>我已经吃了三块蛋糕了。　　　<4>你已经睡了十一个小时了。
　　Wǒ yǐjīng chīle sānkuài dàngāo le.　　Nǐ yǐjīng shuìle shíyī ge xiǎoshí le.

| 練習 | 日本語を中国語に訳しなさい。

(1) 中国語を習ってから何年になりしたか。　_____

(2) 彼はもう一年間行っています。　_____

(3) 弟はすでにみかんを三つも食べました。　_____

第十一课　寒假 计划

新出語句
① 谈　　tān　　　　（動）言う
② 感想　gǎnxiǎng（名）感想
③ 研究　yánjiū　　（動）研究する
④ 想　　xiǎng　　　（動）考える
⑤ 一下　yíxià　　　（名）ちょっと
⑥ 逛　　guàng　　　（動）見て回り、ぶらつく
⑦ 玩　　wán　　　　（動）遊ぶ
⑧ 快要～了 Kuàiyào le（副）もうすぐ
⑨ 春天　chūntiān（名）春
⑩ 春节　chūnjié　（名）お正月
⑪ 回国　huíguó　（動）帰国
⑫ 用　　yòng　　　（介）用いる、～で
⑬ 铅笔　qiānbǐ　（名）鉛筆
⑭ 写字　xiězì　　（動）字を書く
⑮ 筷子　kuàizi　（名）お箸
⑯ 门口　ménkǒu（名）入り口
⑰ 等　　děng　　　（動）待つ
⑱ 资料　zīliào　（名）資料
⑲ 查　　chá　　　　（動）調べる
⑳ 块　　kuài　　　（量）元
㉑ 睡　　shuì　　　（動）寝る

中国のお金　人民币 Rénmínbì

書き言葉：	元 yuán	角 jiǎo	分 fēn
話し言葉：	块 kuài	毛 máo	分 fēn

＊一元＝10 角＝100 分
＊2010 年 4 月現在最大の額面は 100 元です。

三阳开泰　羊という漢字は古代において祥と同じなので、図案は吉祥の意味です。

《明明塾中国語》　第十一課　**基本練習**

一、慣用句をつくりなさい。

1, 冬休みになる　　　　2, ちょっと見に行く　　　　3, よく連絡する
_____　　　　_____　　　　_____

4, どんな計画があるか　　5, 一年余り行った。　　　　6, すでに行った
_____　　　　_____　　　　_____

7, 行くことを希望する　　8, 私に手紙を書く　　　　　9, 友達を訪問する
_____　　　　_____　　　　_____

10, 大阪に行く予定だ　　11, 北京大学に留学する　　12, ついでに本を買う
_____　　　　_____　　　　_____

13, 図書館で自習する　　14, 12時間寝た　　　　　　15, 大学の生活
_____　　　　_____　　　　_____

二、正しい文に並べ替えなさい。

1, 上海大学、留学、我、法学系、表弟、在、　_____
2, 你、看看、順便、応該、上海、去、　　　　_____
3, 你们、什么、有、寒假、计划、里、　　　　_____
4, 她、常常、介绍、用、易媒儿、上海的情况、_____
5, 我、学了、汉语、学、三年、已经、　　　　_____

三、次の日本語を中国語に訳しなさい。

1, もうすぐ中秋の日です。
　_____

2, 行ってからすでに一年たちました。
　_____

3, 君たちはいつも何についておしゃべりしますか。
　_____

4, 彼は上海で何をしていますか。
　_____

5, 冬休みにどんな計画がありますか。
　_____

四、( )に適当な語を入れなさい。

1, 我们常常（　　　）易媒儿联系。　　2, 她（　　　）上海大学留学。
3, 我（　　　）去上海看看。　　　　　4, 马上（　　　）放暑假了。

CD79.80
五、発音を聞いて＿＿＿に漢字を書きましょう。

(1) 他介绍上海的_____，我报告大学的_____。

(2) 我们常常用易媒儿_____。　　(3) 已经去了一年____了。

(4) 他在上海大学_____留学。

(5) 我____去上海____，顺便去看望我表弟。

(6) 马上____放寒假了。

____月 ____日 ____限　学籍番号_____　氏名_____

第十二课　　中国茶
Dì shí'èr kè　　Zhōngguó chá

CD81

■ 課文

寒假 里 我 去 中国 了。回来 时 买了 些 茶叶 送 亲戚 朋友。中国
Hánjià li wǒ qù Zhōngguó le. Huílái shí mǎile xiē cháyè sòng qīnqi péngyou. Zhōngguó

茶叶 种类 很 多，有 绿茶、花茶 和 乌龙茶 等等。据 中国 朋友 介绍，
cháyè zhǒnglèi hěn duō, yǒu lǜchá、huāchá hé wūlóngchá děng děng. jù Zhōngguó péngyou jièshào,

在 中国，北方人 喜欢 喝 花茶，南方人 喜欢 喝 绿茶。广东、福建 一带
Zài Zhōngguó, běifāngrén xǐhuan hē huāchá, nánfāng rén xǐhuan hē lǜchá. Guǎngdōng、Fújiàn yídài

的 人 喜欢 喝 乌龙茶。
de rén xǐhuan hē wūlóngchá.

CD82

単語　[　]にピンインを書き入れましょう。

寒假 [　]	名	冬休み	据　[　]	介	～による
回来 [　]	動	戻って来る	些　[　]	数	いくらか
买　[　]	動	買う	茶叶 [　]	名	お茶（の葉）
送　[　]	動	贈る、送る	一带 [　]	熟	一帯、あたり
太～(了) [　]	副	すぎる、すごく	什么地方 [　]	疑	どこ
亲戚 [　]	名	親戚	刚　[　]	副	たった今、～したばかり
种类 [　]	名	種類	礼物 [　]	名	贈り物、プレゼント
绿茶 [　]	名	緑茶	西湖 [　]	地	地名
花茶 [　]	名	花の香りをつけたお茶	龙井茶 [　]	名	龍井茶
乌龙茶 [　]	名	烏龍茶	客气 [　]	動	遠慮する
等等 [　]	助	などなど	不成敬意 [　]	熟	寸志ですが
北方人 [　]	名	北方の人	那么 [　]	接	では、それなら
南方人 [　]	名	南方の人	哪里哪里 [　]	応	とんでもない
广东 [　]	地	広東省	听说 [　]	動	聞くところによると、～そうだ
福建 [　]	地	福建省			

****

ミニ知識　中国のお茶

　中国ではお茶の種類はとても多いです。人々の好みは地域によって大きく違います。たとえば北方の人は**ジャスミン茶**(mòlihuāchá)がすきです。上海周辺の人は**绿茶**(lǜchá)が好きです。中でも**龍井茶**(lóngjǐngchá)や**碧螺春**(bìluóchūn)などはよく知られています。広東省や福建省などはウーロン茶がよく取れますのでよく飲まれます。その他、**プーアル茶**(pǔěrchá)、塊になる**沱茶**(tuóchá)などは雲南省や四川省の産物です。

会話

（一）

小林： 听说 你 寒假 去 中国 了。
　　　Tīngshuō nǐ hánjià qù Zhōngguó le.

明明： 是的，我 去 中国 了。
　　　Shìde, wǒ qù Zhōngguó le.

小林： 什么 时候 回来 的?
　　　Shénme shíhou huílái de?

明明： 昨天 刚 回来。
　　　Zuótiān gāng huílái.

小林： 有 没有 给 我 买 礼物?
　　　Yǒu méiyǒu gěi wǒ mǎi lǐwù?

明明： 买了，这 就是。西湖 龙井茶。
　　　Mǎile, zhè jiushì. Xīhú lóngjǐngchá.

小林： 谢谢。你 太 客气 了。
　　　Xièxie. Nǐ tài kèqi le.

明明： 哪里 哪里，不 成 敬意。
　　　Nǎli nǎli, bù chéng jìngyì.

（二）

小林： 你 喜欢 喝 什么 茶?
　　　Nǐ xǐhuan hē shénme chá?

明明： 绿茶。
　　　Lǜchá.

小林： 你 喝 不 喝 乌龙茶?
　　　Nǐ hē bù hē wūlóngchá?

明明： 不 常 喝。
　　　Bù cháng hē.

小林： 那么，什么 地方 的 人 喜欢 喝 乌龙茶 呢?
　　　Nàme, shénme dìfang de rén xǐhuan hē wūlóngchá ne?

明明： 广东、福建 一带 的 人。
　　　Guǎngdōng、Fújiàn yídài de rén.

小林： 你 知道 哪儿 的 人 最 喜欢 喝 花茶 吗?
　　　Nǐ zhīdào nǎr de rén zuì xǐhuan hē huāchá ma?

明明： 北方 人。
　　　Běifāng rén.

第十二课　中国茶

龙井茶山（杭州）

語　法

一　伝聞の「听说 tīngshuō」

メモ：

<1>你听说这件事了吗?
　　Nǐ tīngshuō zhèjiàn shì le ma?

<2>听说李老师要回来了。
　　Tīngshuō Lǐ lǎoshī yào huílái le.

練習　日本語を中国語に訳しなさい。

(1) 彼は昨日帰ったそうです。　_____

(2) 田中さんが病気をしたそうです。　_____

(3) そのことは聞いていません。　_____

二　太+形+了

メモ：

<1>这件衣服太贵了。
　　Zhè jiàn yīfu tài guì le.

<2>你太客气了。
　　Nǐ tài kèqi le.

|練習| 日本語を中国語に訳しなさい。　　ピンイン　　　　　　　　中国語

(1) 中国の餃子は大変おいしいです。＿＿＿＿＿＿＿＿＿　　＿＿＿＿＿＿＿＿＿

(2) 四川料理は辛すぎます。　　　　＿＿＿＿＿＿＿＿＿　　＿＿＿＿＿＿＿＿＿

三　授受関係の「给 gěi」
メモ：

　<1>我给他打电话。　　　　　　　<2>我没给妈妈写信。
　　　Wǒ gěi tā dǎ diànhuà.　　　　　Wǒ méi gěi māma xiěxìn.

|練習|　日本語を中国語に訳しなさい。

(1) 私は彼に電話をしたことがありません。＿＿＿＿＿＿＿＿＿＿＿＿＿＿＿＿

(2) あなたはなぜ彼に電話をしませんか。＿＿＿＿＿＿＿＿＿＿＿＿＿＿＿＿

四　「〜したばかり」の「刚 gāng」
メモ：

　<1>我刚从学校回来。　　　　<2>刚出门，就下雨了。
　　　Wǒ gāng cóng xuéxiào huílái.　　Gāng chūmén, jiù xià yǔ le.

|練習|　日本語を中国語に訳しなさい。
　　　　　　　　　　　　　　ピンイン　　　　　　中国語
(1) 彼は起きたばかりです。　　＿＿＿＿＿＿＿＿　＿＿＿＿＿＿＿＿

(2) 食べ終わったばかりです。　＿＿＿＿＿＿＿＿　＿＿＿＿＿＿＿＿

五　「もっとも」の「最 zuì」
メモ：

　<1>我们班里成绩最好的是田中。　　　<2>我最喜欢吃生鱼片。
　　　Wǒmen bānli chéngjì zuì hǎo de shì Tiánzhōng.　　Wǒ zuì xǐhuan chī shēngyúpiàn.

|練習|　日本語を中国語に訳しなさい。
　　　　　　　　　　　　　　　　ピンイン　　　　　　中国語
(1) これはこの店の一番いいお茶です。＿＿＿＿＿＿＿＿　＿＿＿＿＿＿＿＿

(2) 私に一番好きな季節は春です。　　＿＿＿＿＿＿＿＿　＿＿＿＿＿＿＿＿

第十二课　中国茶

六　一带 yídài

メモ：

<1>这一带商店很多。　　　　<2>车站一带很热闹。
　　Zhè yídài shāngdiàn hěn duō.　　　Chēzhàn yídài hěn rènao.

練習　日本語を中国語に訳しなさい。

(1) 学校一帯は大変きれいです。＿＿＿＿＿＿＿＿＿＿＿＿＿＿＿＿＿

(2) どのあたりは賑やかですか。＿＿＿＿＿＿＿＿＿＿＿＿＿＿＿＿＿

新出語句

① 这件事 zhèjiàn shì (語句) この事
② 病　　bìng　　　（名）病気
③ 饺子　jiǎozi　　　（名）餃子
④ 四川菜 sìchuāncài (名) 四川料理
⑤ 辣　　là　　　　（形）辛
⑥ 打　　dǎ　　　　（動）する、打つ
⑦ 电话　diànhuà　　（名）電話
⑧ 写信　xiěxìn　　（動）手紙を書く
⑨ 为什么 wèishénme（代）なぜ
⑩ 出门　chūmén　　（動）外出する
⑪ 就　　jiù　　　　（副）すぐに
⑫ 下雨　xià yǔ　　雨が降る
⑬ 班　　bān　　　　（名）クラス
⑭ 最好　zuì hǎo　（副）一番いい
⑮ 田中　Tiánzhōng（人名）
⑯ 生鱼片 shēngyúpiàn(名)刺身
⑰ 季节　jìjié　　　（名）季節
⑱ 很多　hěn duō　（形）たくさん
⑲ 热闹　rènao　　　（形）賑やか

五福捧寿　蝙蝠の「蝠」は中国語の「福」と同音です。福が多いという意味になります。

《明明塾中国語》　第 十二課　**基本練習**

一、慣用句をつくりなさい。

1, 種類が多い　　　　　2, 友人の紹介によると　　　3, 緑茶が好きです
_____　　_____　　_____

4, 少しお茶を買った　　5, 冬休みの間　　　　　　　6, 帰る時
_____　　_____　　_____

7, 大阪一帯　　　　　　8, 友人にプレゼントする　　9, 昨日帰ったばかりです。
_____　　_____　　_____

10, もっともいいお茶　　11, 大変おいしい　　　　　12, とんでもない
_____　　_____　　_____

13, よく飲まない　　　　14, いつ帰ったか　　　　　15, 出かけたばかりだ
_____　　_____　　_____

二、正しい文に並べ替えなさい。

1, 生鱼片、喜欢、吃、最、我、不、　　_____

2, 的、喜欢、喝、花茶、什么地方、人、　_____

3, 听说、了、这件、我、事、　　　　　　_____

4, 你、我没、写信、给、　　　　　　　　_____

5, 你、听说、昨天、的、回来、是、　　　_____

三、次の日本語を中国語に訳しなさい。

1, 私はこのことを知っています。
_____

2, 李先生は、学校から帰ったばかりです。
_____

3, 私は彼に電話をかけません。
_____

4, どの国の人が最も刺身が好きですか。
_____

5, ケーキを買って友人にプレゼントします。
_____

四、（ ）に適当な語を入れなさい。

1,（　　　）出门,（　　　）下雨了。　　2, 中国菜（　　　）好吃（　　　）。

3,（　　　）她（　　　）中国回来了。　　4, 她（　　　）我（　　　）电话。

CD84
五、発音を聞いて____に漢字を書きましょう。

(1) _____你寒假去中国了。　　(2) 有没有____我买礼物？

(3) 你太_____了。　　　　　　(4) 你_____喝什么茶？

(5) 昨天_____回来。　　　　　(6) 哪儿的人最_____喝花茶？

____月 ____日____限 学籍番号_____　氏名_____

発音小テスト

学籍番号_____ 氏名_____ 点数_____

1、発音を聞いて子音を付けなさい。(21)

(1) ___ú （福）　　(2) ___ā （拉）　　(3) ___ùn___án （困难）

(4) ___ǔ （普）　　(5) ___uì （岁）　　(6) ___óng___ué （同学）

(7) ___óng（从）　(8) ___è （这）　　(9) ___áng___iāng （长江）

(10) ___ú （湖）　(11) ___ù （去）　　(12) ___ì___ěn （日本）

(13) ___uò （做）　(14) ___én___e（什么）(15) ___àn___āo （蛋糕）

2、発音を聞いて母音を付けなさい。(26)

(1) G___d___ （广岛）　(2) T___l___ （太郎）　(3) y___ （用）

(4) H___y___ （汉语）　(5) Zh___g___ （中国）　(6) B___j___ （北京）

(7) n_____ （您）　　(8) g___x___ （贵姓）　(9) Q___m___ （群马）

(10) x___s___ （迅速）　(11) k___ （快）　　(12) w___n___ （温暖）

(13) D___b___ （大阪）　(14) x___m___ （熊猫）　(15) b___ （别）

3、発音を聞いて声調記号を付けなさい。(28)

(1) Qing （请）　(2) hui （会）　(3) jiao （教）　(4) women（我们）

(5) Shei （谁）　(6) xue （学）　(7) yong （用）　(8) sishi （四十）

(9) bang （帮）　(10) jiao （叫）　(11) yiqi （一起）　(12) mingzi （名字）

(13) xingfu（幸福）　(14) qiutian（秋天）　(15) wanshang （晚上）

(16) laoshi（老师）　(17) kouke （口渴）　(18) xiangwang（向往）

4、発音を聞いてピンインで表記しなさい。(20)

_____（你）　_____（好）　_____（念）　_____（五）　_____（六）

_____（七）　_____（八）　_____（九）　_____（再）　_____（见）

5、発音を聞いて漢字を書きましょう。(5)

(1)_____　(2)_____　(3)_____　(4)_____　(5)_____

餃子の作り方

1、材料の準備　右の表のように準備する。
2、生地をつくる
　①小麦粉に水をさしながら、箸で掻き混ぜる。
　②纏り始めたら、全体を押しつぶすように捏ねる。
　③完成した生地にぬれ布巾をかぶせ、20分位ねかせる。
3、具の作り方
　①白ネギ、生姜、白菜、にらを細かくみじん切りにしておく。
　②干し蝦はお湯で戻し、粗く刻んでおく。(＊戻し汁を残しておく)
　③豚ミンチに塩、胡椒、生姜、葱を加えて同じ方向に掻き混ぜる、
　　そして蝦戻し汁、戻し蝦を加えて十分に掻き混ぜる。
　④白菜、韮、胡麻油を加えてさらに混ぜると完成。
4、皮の作り方
　①生地を餃子10ヶ分に切って、直径2.5センチの棒状にする。
　②鶉卵の大きさに切り分ける。打ち粉をして、手のひらで押しつぶ
　　して円形をつくる。
　③麺棒で円形にのばす。麺棒は外から中央へ、生地を左手で
　　回し(時計回りと逆の方向)ながら、麺棒で押しのばす。皮は
　　直径8センチくらいで、中央厚め周辺薄くなるように。
5、包み方
　①具を皮の中心にのせる。
　②皮を中央からしっかり合わせて、そして背後の左右端を確りた
　　たみこむ。
　③生餃子を打ち粉したところに並べる。
6、水餃子をつくる
　①生餃子を沸いたお湯に入れ、鍋底にくっつかないようにすこし
　　掻き回す。
　②餃子が浮き上がり、お湯が沸騰したら、差し水して、再度沸騰
　　させる、作業を3度繰り返すと出来上がり。
　③網で餃子を皿に盛り付け、たれをつけて食べる。好みに合わしてにんにくや辣油抜きでも
　　美味しく頂けます。
7、焼き餃子のつくり方
　①油をフライパンに差し、生餃子を並べ、餃子の1/3くらいに水入れる。
　②蓋をし5分くらい蒸し焼きにする。水なくなたら油を差し、再度蓋をし2分で出来上がり。
　③たれをつけて食べ、好みに合わしてにんにくや辣油を抜きでも美味しい。

餃子の材料(3人前分)		
生地	小麦粉	200g
	水	80cc
餃子の具	豚ミンチ	100g
	干し蝦	30g
	塩	適量
	胡椒	適量
	白ネギ	50g
	生姜	20g
	胡麻油	大さじ1
	韮(にら)	50g
	白菜	200g
たれ	にんにく	1粒
	酢	大さじ3
	醤油	大さじ1
	辣油	小さじ1

中国の世界遺産一覧

登録名称	所在地	登録種別	登録年
1、万里の長城	北京市	文化遺産	1987年
2、故宮博物館	北京市	文化遺産	1987
3、周口店の北京原人遺跡	北京市	文化遺産	1987
4、頤和園	北京市	文化遺産	1998
5、天壇	北京市	文化遺産	1998
6、九寨溝	四川省	自然遺産	1992
7、黄龍	四川省	自然遺産	1992
8、峨眉山と楽山大仏	四川省	文化と自然遺産	1996
9、都江堰と青山城	四川省	文化遺産	2000
10、大足石刻	重慶市	文化遺産	1999
11、泰山	山東省	文化と自然遺産	1987
12、曲阜の孔廟・孔林・孔府	山東省	文化遺産	1994
13、黄山	安徽省	文化と自然遺産	1990
14、安徽省南部古民居	安徽省	文化遺産	2000
15、麗江古城	雲南省	文化遺産	1997
16、三江併流	雲南省	文化遺産	2003
17、平遙古城	山西省	文化遺産	1997
18、雲崗石窟	山西省	文化遺産	2001
19、敦煌・莫高窟	甘粛省	文化遺産	1987
20、秦の始皇帝陵	陝西省	文化遺産	1987
21、武陵源	湖南省	自然遺産	1992
22、承徳の避暑地と外八廟	河北省	文化遺産	1994
23、明・清皇家陵墓	河北・湖北	文化遺産	2000
24、武当山の古建築物群	湖北省	文化遺産	1994
25、拉薩のポタラ宮	チベット	文化遺産	1994
26、盧山国立公園	江西省	文化景観遺産	1996
27、蘇州古典園林	江蘇省	文化遺産	1997
28、武夷山	福建省	文化と自然遺産	1999
29、龍門石窟	河南省	文化遺産	2000
30、高句麗王陵・王城	吉林省	文化遺産	2004
31、澳門歴史城区	マカオ	文化遺産	2005
32、四川省のパンタ生息地	四川省	自然遺産	2006
33、殷墟の古代遺跡	河南省	文化遺産	2006
34、中国南方カルスト	雲南・貴州・重慶	自然遺産	2007
35、開平望楼と村落	広東省	文化遺産	2007
36、福建土楼	福建省	文化遺産	2008
37、江西三清山	江西省	自然遺産	2008
38、五台山	山西省	文化遺産	2009

中国地図

表紙解釈

楊柳青年画(yangliǔqīng niánhuà)

天津・楊柳青の年画

　天津市は北京の東南約130キロに位置し、清代末期には外国との交易場として外交を担当する「北洋大臣」が置かれた地である。その天津の西15キロに楊柳青（ヤンリュウチン）がある。楊柳青は明代・万暦年間（1573〜1619）から年画製作を始めて以来300年余の歴史を有し、清代中期には楊柳青を中心に32ヶ村の農民が参加して繁栄し、清代末には消費地・北京に近いことから北方年画の中心生産地となり、北方各省、東北、内蒙古等に行商され、20世紀初頭には年画業者は60余家に達した。その後、抗日戦や内乱により衰退したが、中華人民共和国成立後は、天津楊柳青画社を設立し復興に努力。楊柳青年画は、子孫繁栄にからむ「蓮笙貴子」「年年有魚」などの伝統的な図柄と、京劇・話劇（現代劇）などにちなんだ戯曲の一幕を題材にしたものが多い。

小資料	中国について
正式国名	中華人民共和国（Zhonghua renmin gongheguo・People's Republic of China）
成立	1949年10月1日
首都	北京（Beijing）
国家元首	胡錦涛（Hu Jintao）
人口	13億人（2005年1月現在）
面積	960万km²=世界の陸地の約7％、日本の26倍
地形	世界の最高峰を含む山脈、砂漠、草原、高原、森林など複雑で多様な変化に富んでいる。国土の3分の1以上を山地が占め、そのほか砂漠や高原が広がるので耕地面積は11％にとどまる。
気候	気候は温帯を中心に亜熱帯から亜寒帯までと幅広い。寒帯、温帯、亜熱帯、熱帯の四気候帯に分かれる。東部は温暖で雨の多い海洋性気候。西に向うにつれて乾燥が激しくなり、気温の日較差・年較差が大きい内陸性気候になる。東南沿岸には毎夏台風が上陸し、華北では2月末から3月初めにかけて黄砂が吹く。
行政区画	基本的には省、県（市）、郷という三級に分かれている。一級行政区は23省、5自治区（内モンゴル・寧夏回族・新疆ウイグル・広西チワン族・チベット）、4直轄市（北京・天津・上海・重慶）、2特別行政区（香港・マカオ）に分かれており、これが日本の都道府県にあたる。自治区、自治州、自治県はいずれも民族自治が実行されている。
政体	人民民主共和制
憲法	1982年12月4日公布、88年、93年、99年、2004年一部改正
言語	全国の共通語は、北方中国語を母体にした「普通話」。その他、北京語、上海語、福建語、広東語など、方言が多い。また、独自の言語を使う少数民族も多い。
教育制度	小学、初級中学（初中）、高級中学（高中）、大学の6・3・3・4制。初級中学は中学校に相当。高級中学は高等学校に相当。単科大学は「学院」、総合大学は「大学」と呼ばれる。
民族	56の民族がある。そのうち、漢族が92％。漢族以外は少数民族と呼ばれる。
通貨	人民元。中国では「人民幣（Renminbi）」と呼ばれ、RMBと略記される場合もある。
電圧	電圧：220V　周波数：50Hz
時差	国家標準時は「北京時間」と呼ばれる。日本時間より1時間遅れ（北京時間を計算するためには、日本時間から1を引き算する）　なお、新疆ウイグル自治区では、北京時間からさらに1時間遅れた新疆時間を併用している。
緊急電話番号	警　察：110　　　　交通事故 通 報：122 救急車：120　　　　番号案内（無料）：114 消　防：119

語句索引

ピンインのアルファベット順に配列した。
数字は初出の課を示す。

B b

吧	ba	勧誘	2
把	bǎ	を	9
爸爸	bàba	父	4
班里	bānli	クラスの中に	12
报告	bàogào	報告する	11
倍	bèi	すごく、ひときわ	9
被	bèi	られる	9
北方人	běifāngrén	北方の人	12
北海道	běihǎidào	北海道	10
北京	Běijīng	ペキン	4
本	běn	冊	5
比	bǐ	より	6
表弟	biǎodì	従兄弟弟	11
表姐	biǎojiě	従兄弟姉	6
比较	bǐjiào	比較的に	10
并且	bìngqiě	しかも	11
不	bù	否定	2
不成敬意	bùchéngjìngyì	寸志ですが	12
不仅	bùjǐn	だけではなく	6
不行	bùxíng	だめ	8
不要	bùyào	するな	10

C c

菜	cài	料理	6
操场	cāochǎng	運動場	8
厕所	cèsuǒ	トイレ	10
差	chā	足りない	8
常常	chángcháng	常に	10
茶叶	cháyè	お茶	12
车	chē	車	9
成绩	chéngjī	成績	10
车站	chēzhàn	駅	4
吃	chī	食べる	2
除了	chúle	を除いて〜	7
出门	chūmén	外出する	9
春天	chūntiān	春	11
辞典	cídiǎn	辞書	5
从	cóng	から	3
聪明	cōngmíng	賢い	5

D d

大	dà	大きい	5
大阪	Dàbǎn	大阪	3
打工	dǎgōng	アルバイトをする	10
蛋糕	dàngāo	ケーキ	2
到	dào	へ、に	8
大声	dàshēng	大きい声	4
打算	dǎsuàn	つもり	7
大学	dàxué	大学	5
的	de	の	5
等	děng	待ち	5
等等	děngděng	など	12
电车	Diànchā	電車	9
电话	diànhuà	電話	11
电视	diànshì	テレビ	11
弟弟	dìdi	弟	4
地方	dìfang	場所、所	7
东京	Dōngjīng	東京	10
东西	dōngxi	もの	9
都	dōu	みな	4
对	duì	そうです	5
多	duō	あまり	5
多	duō	多い	5
多长时间	duōchángshíjiān	どれくらい	11
多大	duōdà	どれぐらい	6
多少	duōshao	どれくらい	5
多少钱	duōshǎoqián	いくら	5

E e

饿	è	おなかがすく	2

F f

法律	fǎlǜ	法律	5
放	fang	（休み）になる	11
放假	fàngjià	休みになる	11
风景如画	fēngjǐngrúhuà		7
福建	Fújiàn	福建省	12
父母	fùmǔ	両親	7
复习	fùxí	復習する	9

G g

干	gàn	する	11
刚	gāng	たった今、ばかり	12
感想	gǎnxiǎng	感想	11
高	gāo	高い	6
告诉	gàosù	教える	11
高兴	gāoxìng	嬉しい	7
给	gěi	に〜あげる	6
跟	gēn	と	7
各种	gèzhǒng	各種	11
公分	gōngfen	センチメートル	6
公里	gōnglǐ	キロメートル	10
公司	gōngsī	会社	5
工作	gōngzuò	仕事	4
狗	gǒu	いぬ	
逛	guàng	ぶらつく	7
广东省	Guǎngdōngshěng	江東省	12

贵	guì	値段の高い	6
桂林	guìlín	桂林	7
规模	guīmó	規模	5
过	guò	〜ことがある	7

H h

哈尔滨	Hāěrbīn	ハルビン市	7
还	hái	また	6
海南岛	Hǎinándǎo	島の名前	7
寒假	hánjià	春休み	11
汉语	Hànyǔ	中国語	1
好吃	hǎochī	美味しい	6
好看	hǎokàn	きれい	6
好运	hǎoyùn	幸運	6
和	hé	と	4
喝	hē	飲む	2
黑板	hēibǎn	黒板	9
贺卡	hèkǎ	祝いのカード	6
很	hěn	とても	5
很多	hěnduō	たくさん	6
后	hòu	後	8
花茶	huāchá	花の香りのお茶	12
黄山	Huángshān	黄山	7
湖北	Húběi	湖北	3
回	huí	帰る	8
会	huì	できる	8
会	huì	はず	9
回答	huídá	答え	9
回家	huíjiā	家に帰る	7
回来	huílái	戻って来る	12

J j

寄	jì	郵送する	6
几	jǐ	いくつ	4
加倍	jiā//bèi	倍に、一層	9
家家户户	jiājiāhùhù	各戸、どの家も	9
佳节	jiājié	節句	9
讲	jiǎng	話す	8
叫	jiào	〜という名前です	3
教	jiāo	教え	8
教室	jiāoshì	教室	8
家人	jiārén	家族	9
借	jiè	借りる	9
节	jié	時限	8
介绍	jièshào	紹介する	11
计划	jìhuà	計画	11
机会	jīhuì	機会	11
近	jìn	近い	10
京都	Jīngdū	京都	5
敬意	jìngyì	敬意	12
今天	jīntiān	今日	5
就	jiù	すぐに	12
就寝	jiùqǐn	就寝する	8
就是说	jiùshìshuō	それはつまり	9
就要	jiùyào	もうすぐ	11
据	jù	よる	12

K k

开车	kāichē	車を運転する	9
看	kàn	見る、読む	9
看望	kànwàn	訪問する	11
考试	kǎoshì	試験	9
课	kè	授業	5
刻	kè	15分	8
课后	kèhòu	放課後	8
可乐	kělè	コカ・コーラ	10
客气	kèqì	遠慮する	12
课外活动	kèwàihuódòng	課外活動	8
空	kòng	暇、時間	8
口	kǒu	家族を数える	4
口渴	kǒuhē	のどが渇く	2
块	kuā	元の話し言葉	5
快乐	kuàile	楽しい	6
快要	kuàiyào	間もなく	11

L l

来	lái	〜しょう	1
来	lái	来る	3
老师	lǎoshī	先生	4
老王	lǎowáng	王さん	
冷	lěng	寒い	6
离	lí	〜から、(まで)	10
里	lǐ	なか	12
两	liǎng	2	8
联系	liánxì	連絡する	11
聊	liáo	雑談する	11
零	líng	ゼロ	8
历史	lìshǐ	歴史	7
留学	liúxué	留学する	11
留学生	liúxuéshēng	留学生	3
礼物	lǐwù	贈り物、プレゼント	12
龙井茶	lóngjǐngchá	お茶名	12
绿茶	lǜchá	緑茶	12
旅游	lǚyóu	観光する	7

M m

骂	mà	罵る	1
买	mǎi	買う	12
妈妈	māma	母	4
慢	màn	遅い	1
马上	mǎshàng	すぐ	11
每逢	měiféng	〜たびに	9
美国	měiguó	アメリカ	7
每年	měinián	毎年	9
每天	měitiān	毎日	5
没有	méiyǒu	ない	4
们	men〜達	〜達、〜方、〜ら	1
明明	míngmíng	人名	2
明天	míngtiān	明日	5
名字	míngzi	名前	3

N n

| 哪个 | nǎge | どの | 5 |

那里	nǎli	あそこ、そこ	8
哪里	nǎli	どこ	3
哪里哪里	nǎlinǎli	いやいや、とんでもない	12
那么	nàme	では、それなら	12
南方人	nánfāngrén	南方の人	12
哪些	nǎxie	どういった	7
呢	ne	は?	4
能	néng	できる、可能	8
你	nǐ	あなた	1
年纪	niánji	年	6
年级	niánjí	学年	5
你好	Nǐhǎo	こんにちは	1
您	nín	第2人称の敬語	1
农历	nónglì	旧暦	9

P p

跑	pǎo	走る	12
朋友	péngyou	友達	7
便宜	piányi	値段の安い	6
漂亮	piàoliang	美しい	5
啤酒	píjiǔ	ビル	7
平时	píngshí	普段	5

Q q

骑	qí	乗る	12
铅笔	qiānbǐ	鉛筆	11
起床	qǐchuáng	起きる	8
期间	qījiān	期間	11
请	qǐng	してもらう	11
请教	qǐngjiào	教えて貰う,教わる	9
情况	qíngkuàng	状況	11
亲戚	qīnqi	親戚	12
亲人	qīnrén	肉親	9
去	qù	行く	7

R r

然后	ránhòu	それから	8
人	rén	人	4
热闹	rènao	にぎやか	12
认为	rènwéi	と思う	9
日本	Rìběn	日本	3
如	rú	例え	7

S s

上	shang	～の上	10
上半年	shàngbànnián	前半期	8
商店	shāngdiàn	店	7
上海	Shànghǎi	シャンハイ	4
上课	shàngkè	授業に出る	8
少	shǎo	少ない	6
生活	shēnghuó	暮らし	11
生日	shēngrì	誕生日	6
生鱼片	shēngyúpiàn	刺身	12
什么	shénme	何	3
什么地方	shénmedìfāng	どこ	12
什么时候	shénmeshíhou	いつ	7
是	shì	～だ	3
时候	shíhòu	時	10
时间	shíjiān	時間	8
手机	shǒujī	携帯電話	10
书	shū	本	3
谁	shuí(shéi)	誰	1
睡	shuì	寝る	8
水饺	shuǐjiǎo	水餃子	12
顺便	shùnbiàn	ついでに	11
思念	sīniàn	偲ぶ	9
思亲	sīqīn	親族をしのぶ	9
送	song	贈る、送る	12
送	sòng	送る	6
岁	suì	年、才	6
所以	suǒyǐ	だから	9
宿舍	sùshè	寮	8

T t

他	tā	かれ	1
她	tā	彼女	1
它	tā	人間以外の第3人称	1
太～（了）	tài~le	すぎる	12
泰山	tàishān	泰山	7
替	tì	替わる	11
添	tiān	かけ	5
听	tīng	聞いて	3
听说	tīngshuō	聞くところによると～そう	12
同班同学	tongbāntóngxué	クラスメート	10
团圆	tuányuán	一家団らんする	9
图书馆	túshūguǎn	図書館	8

W w

外地	wàidì	外地	9
玩	wǎn	遊ぶ	8
万	wàn	万	5
王友惠	wáng yǒuhuì	人名	10
为什么	wèishénme	なぜ	9
危险	wēixiǎn	危険	8
问好	wènhǎo	宜しくと言う	11
问题	wèntí	問題	9
我	wǒ	わたし	1
我家	wǒjiā	我が家	4
午饭	wǔfàn	昼ごはん	8
武汉	Wǔhàn	武漢市	
五号	wǔhào	五日	6
午觉	wǔjiào	昼寝	8
乌龙茶	wūlóngchá	烏龍茶	12
5月	wǔyuè	五月	6

X x

系	xì	学部	5
西安	Xī'ān	西安	7

下	xià	する	8		一起	yīqǐ	一緒に	1
先	xiān	先に、まず	8		意思	yìsi	意味	9
向	xiàng	向く	10		以外	yǐwài	以外	7
想	xiǎng	したい	7		一下	yīxià	ちょっと	3
象棋	xiàngqí	中国将棋	8		医院	yīyuàn	病院	8
想一想	xiǎngyixiǎng	ちょっと考える	11		右	yòu	右	4
现在	xiànzài	現在、今	7		有	yǒu	いる、ある	4
小	xiǎo	小さい	6		游泳	yóuyǒng	水泳	8
小林	xiǎolín	小林さん	3		远	yuǎn	遠い	10
小笼包子	xiǎolóngbāozi		7		月饼	yuèbing	月餅	9
小朋友	xiǎopéngyǒu	子供	6		月亮	yuèliang	月	9
小时	xiǎoshí	時間	8					
小时候	xiǎoshíhòu	幼いころ	7		**Z** z			
小说	xiǎoshuō	小説	8		在	zài	いる、ある	4
小学	xiǎoxué	小学校	4		再见	zàijiàn	さようなら	1
校园	xiàoyuá	キャンパス	5		早锻炼	zǎoduànliàn	朝のトレーニング	8
下午	xiàwǔ	午後	5		早饭	zǎofàn	朝ごはん	8
下雨	xiàyǔ	雨が降る	9		早上	zǎoshàng	朝	8
西边	xībian	西側	5		怎么	zěnme	どう	10
些	xiē	いくつか	12		张	zhāng	枚	6
写	xiě	書く	8		张明明	Zhāngmíngmíng	人名	3
谢谢	Xièxie	有難うございます	1		照片	zhàopiàn	写真	
写信	xiěxìn	手紙を書く	11		这件事	zhèjiànshì	この事	12
写字	xiězì	字を書く	11		这里	zhèlǐ	ここ	8
西湖	xīhú	地名	12		这一天	zhèyītiān	この日	9
喜欢	xǐhuan	好きだ	7		知道	zhīdào	知っている	9
姓	xìng	～という苗字です	3		只有	zhǐyǒu	ただ～だけ	5
星期	xīngqī	曜日	5		中国	Zhōngguó	中国	3
星期五	xīngqīwǔ	金曜日	5		种类	zhǒnglèi	種類	12
休息	xiūxi	休む	10		中秋节	Zhōngqiūjié	中秋節	9
希望	xīwàng	希望する	11		中文	zhōngwén	中国語	
西藏	Xīzàng	チベット	7		中学	zhōngxué	中学校	10
学	xué	まなぶ	1		祝	zhù	祝う	6
学生	xuésheng	学生	5		准备	zhǔnbèi	準備する	11
学习	xuéxí	勉強する	10		自己	zìjǐ	自分	
学校	xuéxiào	学校	10		自习	zìxí	自習する	8
学院	xuéyuàn	カレッジ	11		自行车	zìxíngchē	自転車	
					总是	zǒngshì	いつも	10
Y y					走	zǒu	歩く	9
杨莲	Yánglián	人名	9		最亮	zuìliàng	もっとも明るい	9
研究	yánjiū	研究する	11		最圆	zuìyuán	もっともまるい	9
也	yě	も	4		做	zuò	する、つくる	4
亿	yì	億	5		昨天	zuótiān	昨日	
医生	yīsheng	医者	4		作业	zuòyè	宿題	9
一带	yīdài	一帯、あたり	12		不可以	bùkěyǐ	いけない	8
一点	yīdiǎn	少し	4					
一定	yīdìng	きっと						
衣服	yīfu	服	12					
一个	yīge	一つ	9					
一路平安	yīlùpíngān		6					
易媒儿	yìméir	メール	11					
英国	yīngguó	英国	7					
因为	yīnwèi	なので	9					
音乐	yīnyuè	音楽	11					

明明塾　中国語　[改訂版]	
2010年5月20日　初版第1刷発行	定価は表紙に 表示してあります

著　者　張　建明
　　　　張　明和

発行者　中西健夫

発行所　株式会社ナカニシヤ出版
〒606-8161　京都市左京区一乗寺木ノ本町15
Telephone 075-723-0111
Facsimile 075-723-0095
Website http://www.nakanishiya.co.jp/
Email　　iihon-ippai@nakanishiya.co.jp
郵便振替　01030-0-13128

印刷=創栄図書印刷　／　製本=吉田製本

Copyright © 2010 by Zhang jianming & Zhang minghe

Printed in Japan.

ISBN978-4-7795-0467-9